ピンチをチャンスに変える クレーム対応術

金融機関職員＆保険セールスのための
実践ノウハウ

怒りを笑いに変える
クレーム・コンサルタント　谷 厚志

近代セールス社

はじめに

この本でお伝えしたいのは、「クレーム対応はピンチではなく、お客様と絆を強くするチャンスである」ということです。

こんにちは。怒りを笑いに変えるクレーム・コンサルタントの谷厚志です。

かつて私は、企業のお客様相談室の責任者として、２０００件以上のクレーム対応を行ってきました。その経験から、独自の「クレーム客をお得意様に変える対話術」を確立。どんなクレーマーでも、私の手にかかれば、最後には納得し、「話を聴いてくれてありがとう」と笑顔でお礼を言うようになります。そしてさらには、そのクレーマーを私のファンに変えてみせる自信もあります。

これまで私がクレーム対応の専門家として活動してきた中で、最も多くご相談を受けてきた業種――それは、銀行や信用金庫などの金融機関と保険会社です。

金融機関や保険会社でお仕事をしている人には、日々たくさんのクレームを受けて、悩んだり心をすり減らしたりしている人が少なくありません。

そこで本書は、銀行・信用金庫などの金融機関と、保険会社でお仕事をする方のために書かせていただきました。


なぜ、金融機関や保険会社ではクレームが多いのでしょうか？

それは、お客様からの信頼性が求められる、期待値が高い業種だからです。お客様としては、大切なお金を預けている金融機関や保険会社に対し、少しのミスも見逃せなくなってしまうのです。


ではそもそも、お客様はなぜクレームを言ってくるのでしょうか？

それはずばり、「ずっと利用したいから」「続けて契約したいから」です。不快な思いをしたときに、取引をやめて他の銀行や保険会社に簡単に代えられるのであれば、お客様はクレームを言わずに黙って去っているはずです。

でも、それをしたくない、他に代えがきかないという理由から、改善してほしい気持ちがクレームとして表れるのです。

突然ですが、ここで質問です。

クレームを受けるのは辛いですか？

クレームを受けた後は落ち込みますか？

みなさんからは、「当たり前！　クレームを受けて落ち込まない人なんているわけがないじゃないか！」というクレームが聞こえてきそうですね。

実は、クレームを辛く感じない、クレームを受けても落ち込まなくて済む、とっておきの方法があります！

その方法とは、「クレームをクレームと思わない」ことです。

私がコンサルティングしている企業では、クレームをピンチとは考えず、「お客様と信頼関係を築くことのできる最大のチャンス」と考えて、クレーム対応に前向きに取り組んでいます。また、クレームを言ってきたお客様を自社や自分のファンに変えるために、前向きな対応を実践しているビジネスパーソンも少なくありません。

何を言いたいのか。そう、あなたのクレームに対する捉え方と考え方次第で、クレームを辛いものと思わなくなるということです。

冒頭でも言いましたが、「クレーム対応はピンチではなく、お客様と絆を強くするチャンス」なのです。

では、そんなふうに考え方を変えるためにはどうしたらいいのか？

簡単です。クレーム対応のノウハウを学ぶことです。知識をつけることです。クレーム対応のやり方、知識を習得することで、あなたの認識が変わり、クレームへの取り組み姿勢が変わっていくのです。クレーム対応に悩み、心をすり減らしている人の共通点は、「クレーム対応のやり方を知らない」ことです。

この本で、お客様の怒りを笑顔に変えるクレーム対応のやり方をお伝えします。私のお伝えできることをすべて出し尽くすつもりです。

自社の金融商品の研究や新規の顧客開拓も大切なことですが、商品知識を身につけても、頑張って新規開拓したお客様からのクレームにうまく対応できず、信頼を失ってしまっては全く意味がありません。ちょっとしたお客様の不満を受け止められず、長年の取引がなくなるようなことは避けたいですよね。

ぜひ、この本でクレーム対応のノウハウを身につけてください。そうすれば、クレーム対応はピンチではなく、最大のチャンスであるという本当の意味が理解できると思います。

目次

ピンチをチャンスに変えるクレーム対応術
金融機関職員&保険セールスのための実践ノウハウ

中級編 クレーム客をファンに変える！ワンランク上の対応術

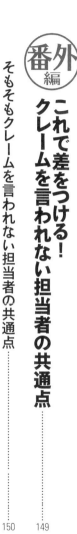

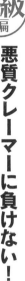

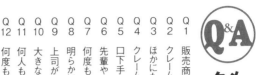

初級編

基本をマスター！
その場を収める対応術

マンガ　初期対応が肝心！
クレームの芽は
はじめに摘み取ろう

ありがとうございました
30番の番号札をお持ちのお客様
あっ
はい 私です
お待たせいたしました

今日はね 満期になった定期預金の書き換えをお願いしたくてね
かしこまりました今野様
こちらの100万円の定期預金ですね
使い道がお決まりのご資金なのですか？
いえ 使い道は決まっていないのだけど
元本割れするような商品は怖いから定期に置いておきたいのよ
さようでございますか では 前回と同じく5年ものの定期への書き換えでよろしいでしょうか
それでお願いします
かしこまりました少々お時間をいただいてもよろしいでしょうか

何分くらいかかるかしら
特に用があるわけではないけど
さっきもずいぶん待ったので
少し疲れてしまってね
さようですか
そうですねぇ…
それにしても 今日は
ずいぶん混雑しているのね
入ってきたときに
挨拶が全然なくて
残念だったわ
え そうでしたか?
私は別のお客様の対応を
していましたので…
カタカタ
あら 以前来たときは
全員で明るい挨拶を
してくれたわよ
カタカタ
私はこの店舗に異動して
2カ月しか経っていないので
以前のことを
おっしゃられても…
あのね…

本日は混雑していますので
あのね そういうことを言っているんじゃないのよ
混雑しているのは見ればわかるわよ！
え⁉
こっちは忙しい中わざわざ店に足を運んで長い時間待ったのになんでそんな対応ができるわけ！この店はどんな教育をしてるの！
カッ
申し訳ありません店のことを私に言われましても…
あなたねぇ！もういいわ話にならないもの定期の書き換えもやめるから100万円返してください
そんな…お気を悪くされたのなら大変失礼いたしました
何も言うことはないから早くしていただける？もう疲れてしまったのよ

はい
すぐに手続きしますので
お待ちください
山川銀行
食堂
今野様はどうして
あんなに怒って
いたのだろう…
なんだかずいぶん
沈んでいるじゃないか
どうしたんだい？
桜井課長…
実は先ほど…
みかんジュース

なるほどね
それは 挨拶が徹底できていなかった全員の責任もあるけれど君の対応もまずかったよ
どうすればよかったのでしょうか
今野様は最初は小さな不満を話していただけだし混雑していることを理解もしていたわけだね
はい
つまり はじめはクレームを言うつもりはなかったのに君が今野様の気持ちを理解しようとしなかったことで腹を立ててしまったわけだよ
はい すみません…

クレーム対応は
初期対応が最も肝心だよ
大きな問題につながるクレームのほとんどははじめはそれほど怒っていなかったお客様に対して対応の仕方を誤ってしまったケースなんだ
初期対応…
お客様が何を求めているのかそれがわかるようになればクレームの芽はそれ以上大きくなることはない
そのためには基本をちゃんと押さえることが大切なんだしっかりマスターしていこう
桜井課長！私にその基本を教えてください！今すぐ！
え！ 今から？
お昼は食べさせてくれよ～
山川銀行

これで間違いなし！

クレーム対応の「5つのステップ」

いま見ていただいたマンガのストーリー、これは私のクライアント先の銀行で実際にあった事例です。お客様の何気ない不満を担当者が受け止められなかったことで、大きなクレームに発展してしまうという典型的なNG対応例です。

このマンガの例から見ても、クレーム対応は最初の言葉、初期の対応がいかに重要かがわかると思います。

では、初期対応に失敗しないためには、どのように対応を進めていけばよいのか。

私、谷厚志が推奨する『**ピンチをチャンスに変える！　クレーム対応「5つのステップ」**』をご紹介します（**P22の図表1参照**）。

クレーム対応は、どんな場合でも、「1.お詫び」からスタートします。その後、「2.共感する」「3.事実確認と要望確認」のステップでは、お客様の話をよく聴き、「お客様に何が起きたのか?」「お客様はどうしたいのか?」を確認します。

そして、「4.解決策提示」では、どのような対応をしていくのか判断するため、解決策提示の「5つの方法」を活用していくようにします。

4の解決策の提示には、「Aこちらに非がある場合」「Bこちらに非がない場合」「Cお客様が納得してくれない場合」「D明らかにお客様の要求が過大な場合」、そして「E悪質なクレームに直面した場合」の5つのパターンがあります(P22の図表2参照)。それぞれの具体的な説明は、そこに記載した頁をご覧ください。

その後、「5.クロージング」で対応の収束に持っていきます。

こうしたやり方は、法人顧客でも個人のお客様でも変わりません。金融機関や保険会社によっては、クレーム対応はケースバイケースと考えて、その場の状況やお客様のお怒り具合を見て対応するというスタンスの組織もありますが、そのような考えで

[図表1] ピンチをチャンスに変える!　クレーム対応の「5つのステップ」

1 「お詫び」

▼

2 「共感する」

▼

3 「事実確認と要望確認」

▼

4 「解決策提示」

▼

5 「クロージング」

[図表2] 解決策提示の「5つの方法」

A	こちらに非がある	→初級編(P79)
B	こちらに非がない(思い込み・勘違い)	→番外編(P162)
C	こちらの解決策にお客様が納得しない	→中級編(P97)
D	明らかに過大な要求	→上級編(P128)
E	悪質クレーム ①ストレス発散型　②無理難題な要求	→上級編(P137)

は初期対応に失敗して、はじめはほんの些細な出来事であったにも関わらず、お客様の怒りを増大させて、信頼を失う大きなトラブルになりかねません。

この5つのステップは、個人のコミュニケーションスキルに頼るのではなく、組織の誰が対応しても同じ良い結果につなげる万能な手法ですので、しっかり習得するようにしてください。

まずはこれだけ覚える！　クレーム対応の基本ノウハウ

そもそも、クレームはなぜ起こるのか

クレームはなぜ起こるのか。「はじめに」でも少しお伝えしましたが、クレームは、お客様の期待を裏切るようなことがあると発生してしまいます。

お客様は、「いつも取引しているこの銀行なら良い提案をしてくれるはず」「あの保険会社の営業担当に相談すれば、しっかり対応してくれるはず」と、大きな期待を持っています。

ですが、「期待していたのと違った」「相談に対して親身になって向き合ってくれなかった」「長年取引しているのに、この程度の対応で終わり？」といった、ガッカリしてしまう対応をされると、その気持ちが怒りの感情に変換され、クレームとして発せられるのです。

期待からの落差が大きければ大きいほど、お客様の言葉は厳しいものになり、時には担当者個人に対して攻撃的な言葉が向けられることもあるでしょう。

対応する側としては、お客様のこうした言葉に対して、敵対意識を持って攻撃しているとは考えないようにしてください。**お客様は、期待していたこと、がっかりしたことをわかってほしいのです。**こうしてほしかったという想いを聴いてもらいたくて、クレームを言うのです。

この攻撃をかわそうとか、早く終わらせようとは思ってはいけません。お客様の感情を受け止める姿勢がクレーム対応には求められるのです。

冒頭のマンガの場合であれば、「さっき挨拶がなくて残念だったわ」という最初の小さな不満の言葉からもわかるように、お客様は、「いらっしゃいませ! お客様、いつもありがとうございます!」という笑顔での挨拶を待っていたのでしょう。

ところがその期待は叶わず、挨拶がなかったことで、「いったい、何年取引していると思っているの!?」と思ってしまいました。この気持ちがお客様のお怒りポイントです。

その小さな火種を、担当者は「え、そうでしたか？」「本日は混雑していますので」「私に言われましても…」という対応で大火事にしてしまいました。お客様の小さな怒りの気持ちを受け止めなかったことで、クレームを引き起こしてしまったわけです。

まずはこれだけ覚える! クレーム対応の基本ノウハウ

初期対応のポイント

(1) 初期対応に失敗するとどうなるのか

クレーム対応で一番重要なのは、初期対応です。「初期対応がすべてです」という言い方をしてもいいかも知れません。

では、その初期対応を間違ってしまうとどんなことが起きるのか――間違いなく、手が付けられないほど恐ろしい〝モンスタークレーマー〟にお客様を変貌させてしまいます。

クレーム対応のコンサルティングや研修を依頼される金融機関・保険会社からの相談内容で圧倒的に多いのは、「初期対応を失敗したことで、怒りまくっているお客様へのクレーム対応はどうすればいいのですか？」です。そして、これに対する私の答えは――正直申し上げますと、私もわかりません！

私がそんなことを言うと、みなさん落胆し、「谷さん、それでもあなたはクレーム対応の専門家ですか！」とクレームを言われそうですね（笑）。ご理解いただきたいのは、初期対応に失敗すると、それぐらい対応困難な状況に陥るということなんです。**お客様が無理難題を言ってくるケースのほとんどは、初期対応の失敗が原因です。**

みなさんには、初期対応に失敗しないことがいかに重要か、ということに気づいてもらいたいのです。

さて、冒頭のマンガの女性行員は、どこがダメだったのか。実は、初期対応を失敗した大きな要因が２つ存在します。

１つ目は、「え、そうでしたか？」という言葉。お客様の気持ちを全然受け止められていませんね。

２つ目は、「本日は混雑していますので」「私に言われましても…」という言葉。お客様の気持ちを、自分のこととして捉えていないということがわかります。

お客様は、挨拶がなかったことでガッカリしています。この気持ちをわかってほしいと思い、「さっき挨拶がなくて残念だったわ」と伝えたところ、しっかり受け止めてもらえず、どこか他人事のような言い回しをされて、またガッカリしてしまったのです。

対応する側としては、「自分のせいじゃないことを言われても…」という気持ちが、つい言葉になって出てしまうこともあると思います。でも、それでは初期対応は失敗します。

だとしたら、そんな気持ちを抑えて、この女性行員はどんな対応をすればよかったのでしょうか。

⑵謝罪は先手必勝！「限定付き謝罪」を使いこなそう

クレームには具体的にどのように対応するのか。

私は、お詫びからスタートするように指導しています。P22の「**5つのステップ**」でいうと、「**1．お詫び**」です。クレーム対応は常に、お客様に謝罪するところから始めるようにしてください。

この流れを金融機関・保険会社の現場で働く方に伝えると、とても驚かれます。

そして不満そうに、「上司や先輩から、『クレームに対して謝ってしまったら、責任を認めたことになるから絶対に謝るな』と教えられました」と口々に言います。

はっきりと言えますが、クレームに対し最初に謝らなかった担当者がその後、円満にクレームを収束したシーンを、私は未だかつて見たことがありません。これは断言します。

クレーム対応がうまくできない人の最大の共通点は、最初に謝罪から入らないことです。

なぜ最初に謝るのか？

それは、お客様に冷静になってもらうためです。お客様に冷静になってもらうことは、小さな火種をなくすために必要不可欠なことです。

ここで、初期対応に失敗しないクレーム対応ならではの謝罪方法を教えます。それは**「限定付き謝罪」**という方法です。

「限定付き謝罪」とは、お客様のクレームに対して全面的に謝罪するのではなく、お客様の怒りの気持ちの部分に対して寄り添うお詫びの方法です。

ちなみに、冒頭のマンガの場合であれば、このように切り返します。

お客様「さっきは挨拶がなくて残念だったわ」
担当者「さようでございましたか。いつもご利用いただきながら、私どもの対応が至らず誠に申し訳ございません」

お客様の小さな不満を受け止め、「こちらの対応で嫌な気持ちを与えてしまった」という部分に限定して謝罪するのです。もちろん、挨拶をしなかったのは担当者１人のせいではありません。ただ、わかっていることは、お客様は挨拶がなかったことにガッカリしているということです。

この気持ちに寄り添うために、限定付き謝罪を使うのです。

お客様の怒りの気持ちに寄り添う言葉は、その場の状況に合わせて、スッと口から出てくるようにしておきたいものです。謝罪は早ければ早いほど効果的です。

みなさん自身が、仮に誰かにクレームを言ったとして、相手から最初に謝罪の言葉があると、少し怒りの気持ちが収まりませんか？　逆の立場になって考えてみると、どうするべきかがわかりやすいと思います。

限定付き謝罪を行うことによって、お客様の気持ちを落ち着かせ、対立関係を「対話」を行う関係へと変えることができるのです。

(3)お客様からクレームの理由を聴きだす切りだし方

最初に謝罪することで、お客様が気持ちを落ち着かせ、場が収束することもあるかもしれません。ただ、さらに良い対応を目指すなら、併せてやってほしいことがあります。

それは、**しっかり話を聴くこと**です。なぜ怒っているのか、その理由を聴いてみてください。マンガのケースでいうと、お詫びの言葉の後に、以下のようにつなげると、もう少し深く切り込んでいくことができます。

- **「お客様がご来店されたときに誰も挨拶をしなかったということですか」**
- **「お客様がご来店されたことを気づいていなかった様子でしたか」**

お客様との関係を良好に保ち続けるためには、不満をすべて出し尽くしてもらう必要があります。気の弱いお客様や、クレーマー扱いされたくないと考えるお客様の中には、謝罪は受け入れたものの、完全に怒りの火種を消せていない場合があります。

実際、その場では怒りが収まったと思っても、後日、責任者に対して「入店したときに挨拶がなかったうえに、カウンターで文句を言っても謝るだけで何もしてくれなかった」という2次クレームが寄せられるケースが本当によくあります。

また、その際、お客様によっては、被害者意識から話を大きくして伝えるケースも

想定されます。客観的な状況を把握するためにも、限定付き謝罪とセットで、深掘りして話を聴き、不満をすべて吐き出してもらいましょう。

怒りの理由を引き出すことによって、「いつもお客のことを見ていない」「いつも忙しそうにしていて、こちらが声をかけるまで話を聴きにきてくれない」など、具体的にどこがよくなかったのかが明確になります。

まさにここに、今後の**自分達の仕事の改善点**が出てきます。

そうです、クレーム対応をする大きなメリットはここに存在します。クレームの理由を深掘りすることで、自分達の仕事のやり方の変えるべきポイントをお客様は教えてくれるのです。**クレームは、お客様からのアドバイスである**と認識するべきです。

どのような点がお客様の期待にそえられなかったのかを知るために、「どのようなことがありましたか?」「詳しくお話を聴かせてください」というスタンスで、積極的に話を聴く姿勢を見せましょう。

(4)「話の聴き方」でお客様の心情は大きく変わる

どんな理由でお客様が怒っているのか、お客様に安心して話をしてもらうためには、「話の聴き方」が重要になってきます。

その際は、必ず**「メモを取る」**ことを実践してください。金融機関や保険会社の現場でクレーム対応がよくこじれている大きな要因は、担当者がお客様の話をメモしていないことなのです。

メモを取ることのメリットは、3つあります。

1つ目は、〝**事実**〟**を書き残す**ことができることです。

みなさんは、お客様からの一方的な話をすべて記憶することができるでしょうか。興奮しているお客様に対して、パニックにならずに冷静に話を聴くことができるでしょうか。

正直、とても難しいと思います。1つのことに対してのクレームだけではなく、複数のクレームが来るケースがあるからです。

今回のマンガの場合でも、「入店時には…、それとカウンターでも…」と、複数の内容のクレームが重なっています。その内容を、上司に正確に報告できるでしょうか？

2つ目は、クレーム対応の**主導権が握れる**ようになることです。「メモを取りまして、上司にも報告します」とお客様に伝えて、メモに取りながら話を聴いてください。そうすれば、**メモを中心にして、あなたが主導権を握ってクレーム対応を進めることができます。**

早口で一方的に話すお客様に対して唯一、話を遮ることができる場面があるとすれば、「メモを取って上司にも報告しますので、1つずつお願いします」と伝える、この場面だけなのです。

特に、銀行のカウンターなどで、お客様から面と向かってクレームを受けるのは、担当者にとってストレスにもなります。時折メモに視線を落とすことで、お客様のクレームを正面から受けることを回避できます。

3つ目は、対応の時間を短縮できることです。

クレーム対応に時間がかかってしまう原因の1つとして、「お客様から何度も同じ話をされること」があります。それが、メモを取ることで、お客様は「私の話を整理してもらえている」と考え、たった1回の話で済むようになり、大幅に対応時間を短縮できるのです。

メモを取ることで、どんなことがあったのか、お客様がどんな気持ちになったのかを明確にすることができます。自分のせいではないクレームでも、状況が手に取るように把握することができ、今後の対応が取りやすくなるのです。

クレームを受ける際には、必ずしっかりとメモを取ってください。

話を聴く姿勢を見せ、メモを取りながら話を聴くことができたなら、初期対応で失敗することはまずありません。あとは、しっかりお客様の話に理解を示しながら聴くようにしましょう。

⑸お客様の話に「共感のあいづち」をうつ

次にお伝えしたいのは、５つのステップの「２．共感する」です。そのために重要となる、話を聴く際の「あいづちの打ち方」について解説したいと思います。クレーム対応における「あいづち」は、お客様の話に理解を示す動作です。

あいづちを打つときには、以下のような言葉を使いましょう。

共感のあいづち

- 「はい」（「えぇ」）
- 「さようでございましたか」
→受けとめる
- 「えっ！　そんな対応がありましたか」
- 「そうでしたか」
- 「そうだったのですね」
→驚きをみせる
- 「そんなことがあるとご不安になりますよね」→ねぎらう

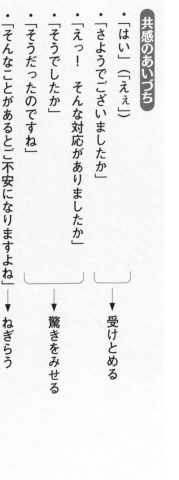

・「お話、よく理解できました」──→良き理解者になる

ちなみに、「なるほどですね」という言葉を多用している人をよく見かけますが、これはNGワードです。「なるほど」に「ですね」をつける、そんな言葉は存在しません（笑）。

一方、クレーム対応において、使うと危険なのが〝**同調のあいづち**〟です。クレームの場で多いお客様の発言に、「こんなことされたら、あなたも私と同じ気持ちになるでしょう！」「普通はこれぐらい常識でしょ！」という言い回しがあります。これに対して、「おっしゃる通りです」「ごもっともです」「確かにそうです」と同調のあいづちを使う担当者がいます。

これは一見、お客様の話に理解を示しているように思えますが、そうではなく同調してしまっています。同調のあいづちは、賛同の意味を示します。つまり、お客様からの指摘に全面的に賛成している、すべて非を認めているようなものなのです。

同調してしまうと、お客様によってはさらに怒りが増し、「そういえば、この前は

こんなこともあったぞ！」と過去の不満を思い起こして話してくることも少なくありません。

クレーム対応に同調のあいづちを使う担当者の多くは、大きな間違いをしています。それは、「許してもらおう」としている点です。許してもらおうとする行為の裏には、「早くこのクレームから逃れたい」という心理があります。つまり、それは自分のことしか考えていない表れなのです。

クレーム対応では、お客様に許してもらおうとするのではなく、お客様の気持ちをわかろうとする、理解しようとする姿勢が大切です。

クレーム対応には、使うべきフレーズと、使うと危険なフレーズがあります。ただ、ボキャブラリーを持つのはもちろん重要ですが、テクニックに走るのではなく、あくまでお客様の話を理解しようとする気持ちで、共感のあいづちをうちながら話を受け入れるようにしてください。

まずはこれだけ覚える！　クレーム対応の基本ノウハウ

お客様に納得してもらい丸く収めるために

(1)クレームの「背景」「事情」「なりたかった姿」を理解する

ここからは、クレーム対応5つのステップの「3．事実確認と要望確認」に入っていきます。

具体的には、「いつどこで」「何があったのか」「何に対して怒っているのか」という事実の確認と、「どうしてほしいのか」という要望の確認をするようにしましょう。

例えば、今回のマンガであれば、事実確認、要望確認の結果、次のようなことが明らかになることでしょう。

事実確認

・『いつどこで』……今日、さっき店舗に入ってきたとき
・『何があったのか』……誰にも挨拶をされなかった
・『何に対して怒っているのか』……挨拶すらできないの！　この銀行は！

要望確認

・『どうしてほしいのか』……最近、行員の教育が行き届いていないんじゃないの!?　支店長にも伝えて改善してほしい！

事実確認と要望確認の場面で重要なのは、お客様がクレームを言った「背景」やクレームを言わざるをえなかった「事情」、どのようにしてほしかったのかといった「なりたかった姿」を理解することです。

今回のマンガでいうと『何に対して怒っているのか』にあたる、「挨拶すらできないの！　この銀行は！」という点については、『**こんなに長年取引をしているのに、**

こんな接客はあり得ない。私をもっと大切にしてほしかった。とても残念』という気持ちがあります。

また『どうしてほしいのか』の言葉にあたる、「最近、行員の教育が行き届いていないんじゃないの⁉」は、「私の悔しいこの気持ちをわかってほしい。ちゃんと次は挨拶をしてほしい。同じ気持ちになりたくない」というお客様の心情が表れたものです。

お客様には、「この銀行にこうしてほしかった」という期待が最初にあり、その期待を裏切ってしまったことでクレームが起きたことが理解できると思います。

(2)解決策はどう提案するか

事実確認と要望確認ができれば、次は、5つのステップの「4．解決策の提示」です。ですが、解決策を出す前に、やってもらいたいことがあります。それは、お客様の話が終わったことを受け、再度お詫びや共感の言葉を投げかけることです。今回のマンガのケースならば、以下のように伝えるとよいと思います。

事実確認・要望確認をした後の言葉

・「お話、よく理解できました。今野様を嫌な気持ちにさせてしまい、私どもとしましても反省するばかりです」
・「長年ご契約いただいている今野様に失礼な対応があったこと、状況がよくわかりました。誠に申し訳ございませんでした」

そして、いよいよここから解決策の提示に入ります。その際、担当者が一方的に話を続けるのではなく、続けて話をしてよいか、お客様に確認・許可を取るようにしてください。

解決策を提示することの確認・許可の取り方

・「このまま、私の話を続けてもよろしいですか？」

・「私からお伝えしたいことがあります。このまま話をしてよろしいでしょうか？」

お客様がすべてを言い終えた状況であれば、「どうぞ」「はい、何でしょうか」という言葉をもらえると思います。このような確認作業を怠らず、慎重に話を進めていきましょう。

解決策としては、次のような内容をしっかりお伝えします。

解決策の提示

・「今、ご指摘いただいた内容につきましては、支店長にも報告し、支店全体で共有するようにいたします。ご了承いただけますでしょうか」

・「お客様対応について見直しをするよい機会を頂戴したと考えて、業務改善に努めて参りたいと思います。ご了承いただけますでしょうか」

実際の金融機関や保険会社のクレーム対応の現場では、「再発防止に努めてまいります」という言葉がよく使われています。もちろん、同じことはあってはならないのですが、軽はずみに「再発防止」という言葉を使うと、「どのような再発防止策を立てるのか？」「もし同じことが起きたら今後どうするつもりなのか！」など、お客様からツッコミが入ることも考えられます。

「組織で共有する」「業務改善のための気づきをいただいた」という表現にとどめるのが賢明です。

また、**解決策の最後には「ご了承いただけますでしょうか？」と、再度確認する言葉を入れるようにしましょう。**お客様から「わかりました」「そうしてください」という了承を得ることが重要です。最終的な選択権を提供し、お客様自身が了承したという気持ちになってもらうことが大切なのです。

⑶クレーム対応はどんな形で終わらせれば成功と言えるのか

いよいよ、5つのステップの最後、「5．クロージング」についてお伝えします。

解決策を提示し、お客様からの了承を得られたとしても、ここで気を抜いてはいけません。ピンチをチャンスに変えることができるかどうかは、クレーム対応の最後にどんな言葉を投げかけるかで大きく変わります。

今回のマンガのケースであれば、以下のような言葉をオススメします。

クレーム対応の最後に投げかける言葉

・「今野様から教えていただかないと、気づけませんでした」
・「こういったご指摘をいただくことで初めて気づくこともありますので、今後もお気づきの点がありましたらぜひお知らせください」
・「ほかのお客様も同じお気持ちにさせてしまっていたのではないかと気づくことができました。今後ともご指導のほど、なにとぞよろしくお願いいたします」

クレーム対応の最後の言葉として、謝罪の言葉を使う担当者が少なくありません。これはNG対応ではありませんが、さらに良いクロージングにするためには、クレームを言っていただいたことで自分達の足りない点が明確になったという〝**気づきへの感謝の言葉**〟を伝えるようにしてください。クレームを言ってくれたお客様に敬意を表すことが重要なのです。

金融機関や保険会社の特徴として、長年取引しているお客様が多いという点があると思います。一時的にクレームに発展するようなケースがあっても、それがきっかけで長年の取引がなくなることは、稀なケースではないでしょうか。

金融機関や保険会社へのクレームの背景には、「次も使いたいから」というお客様の思いがあります。「自分の指摘を改善につなげてほしい」から怒っているのです。この点をしっかり理解できていない担当者は、「このたびは、誠に申し訳ございませんでした」「心よりお詫び申し上げます」と神妙な顔で謝って対応を終わらせようとします。

最後に謝られたお客様は、意図せず「クレーマー扱い」されたと感じ、よい気持ちにはなれないのです。次回以降利用する時に、気まずい気持ちになることさえあるでしょう。

謝罪の言葉は、最初の限定付き謝罪（P29参照）と、話を聴いて解決策を出す前（P43参照）の2回だけで結構です。これでもう十分に謝罪の気持ちを伝えることができています。

だからこそ、クロージングの場面では、次回以降も気持ちよくご利用・お取引をしてもらうために、「気づきがあった」という前向きな言葉をどんどん伝えるようにしてください。

その言葉を受けたお客様は、「ちゃんと私の話を受け止めてくれた」「気づいてもらえてよかった」という気持ちになるでしょう。しっかり対応してもらえたという嬉しさから、周囲の人にクチコミで良い評判を広げてくれることもあるでしょう。信頼の気持ちを持っていただくことができる最高の機会になります。

クロージングの言葉がしっかりできてこそ、ピンチをチャンスに変えるクレーム対応になります。

まずはこれだけ覚える！　クレーム対応の基本ノウハウ

自分の力では解決できそうもない場合の対応術

(1) お客様の怒りが収まらない場合の動き方

クレーム対応の知識はあっても、いざその状況に置かれると、思い通りの対応ができず、言葉が出てこなくて頭が真っ白になることがあるかもしれません。初期対応に失敗してしまい、お客様のクレームの矛先が担当者である自分に向かってくる可能性もあります。「あなたのその対応も気に入らない！」と言われ、主導権を握れないケースに陥ることもあるでしょう。

お客様の怒りが収まらず、自分1人では解決にもっていけないと判断した場合は、**「人を代える」**ことで危機回避することが鉄則です。

クレーム対応は、1人で行う必要はありません。自分では力不足という判断を速やかに行うことも大切です。

お客様から、「**あなたのその対応も気にいらない!**」と言われ、クレームの矛先が自らに向かった場合には、以下のように対応しましょう。

「お客様がご気分を害されるような対応をしてしまい、誠に申し訳ございません。上席の者を呼んでまいります。こちらでお待ちいただいてもよろしいでしょうか」

対立関係の状態では、クレーム対応も話が平行線になってしまい、理不尽な要求をされてしまうケースも少なくありません。一度お客様に冷静になってもらい、対話ができる状況作りを最優先するためには、人を代えることが得策です。

なお、電話でのクレーム対応においては、「**時間を空ける**」という方法を取りましょう。その場合は、以下のように対応します。

「私の対応でお客様を不快なお気持ちにさせてしまい、誠に申し訳ございません。

「上席の者に報告し、折り返しお電話を差し上げたく存じます。お客様のご都合はいかがでしょうか」

この場合も、お客様に冷静になってもらうことを目的に時間を空けるわけです。しかし、折り返しの電話をするまでに時間をかけると、お客様が「待たされている」と感じ、さらにクレームが大きくなりますので、「お客様のご都合はいかがでしょうか」と確認を取ることを忘れないようにしましょう。

「人を代える」「時間を空ける」という対応は、それだけでうまくいくわけではありません。

「ご気分を害される対応をしてしまい」「私の対応でお客様に不快な気持ちにさせてしまい」という、自身の至らない点に対して限定付き謝罪の言葉を伝えることがとても大切になります。

くれぐれも、逃げるように担当者を変更するような対応はしないように心がけてください。

(2)開口一番に「上司を呼べ」と言われたら

次に、お客様から開口一番に「上司を呼べ!」「責任者を出せ!」などと言われた場合について解説したいと思います。

例えば、カウンターに来たお客様から、「責任者に話があるからすぐ呼んで!」と言われた場合は、どう切り返せばいいのでしょうか。その場合は、以下のように答えてください。

「私どもの対応で何かご不便をおかけしたことがあったようですね。誠に申し訳ございません。私、○○と申します。どのようなことがあったのか、詳しくお話をお聞かせいただけませんか」

クレームへの初期対応は、どんな場合であってもやり方を変える必要はありません。クレーム対応5つのステップの「**1.お詫び**」から入ることを忘れないようにしてください。

このようなケースでは、自分では解決できそうにないと考えるのではなく、まずお客様にとって重要な問題が起きたことを理解し、限定付き謝罪（P29参照）と、クレームの原因を聴きだすこと（P32参照）に意識を向けましょう。さらに、自分の名前をしっかり名乗ることでお客様に安心感を与える対応を実践してください。

「責任者は不在にしています」「私が責任者としてうかがいます」と、頑なに責任者を出そうとしない対応をしている金融機関がありますが、それでは状況を悪化させてしまう可能性もあります。

まずお客様の話をしっかり聞き、内容を把握したうえで、「自分では判断ができない」と考えた時には責任者を呼べばいいのです。**誰が対応するかはお客様が決めるのではなく、対応者側が主導権を握りながらクレーム対応をするように心がけましょう。**

なお、これは参考程度にしてもらいたいのですが、筆者が長年、金融機関や保険会社からクレームの相談をたくさん受けてきてわかったことがあります。それは、「責任者に話がある」というクレームは、責任者を出すほどでもないことのほうが圧倒的に多いです（笑）。

特に、金融機関のＯＢや保険会社の代理店の元経営者で、「自分は上の人間と話すのが当たり前」と考えているシニア層のお客様が少なからずいます。そうしたお客様は、「これぐらいできて当たり前だろ！」「おたくのような有名企業がやることではない」などの「説教型クレーム」を、支店長など役席者に対してしたがるのです。

(3)「本部に連絡する」と言われたら

金融機関でのクレームでよく言われるフレーズに「金融庁に言うぞ！」「このことは本部にも連絡するぞ！」があります。このフレーズだけを切り取ると、「悪質クレーマーかも!?」と身構えてしまいそうですが、こう言われてしまったケースには共通した特徴があります。

それは、クレーム対応が全く上手くいっていないということです。対立が対話に変えられていない時の典型的なパターンだと考えてください。つまり、怒りが収まらずに、担当者を攻撃して困らせないと気が済まないという心の状態がそうしたフレーズを生み出しているのです。

「この担当者は、私の良き理解者ではない」と考えたお客様が、大きな悲しみと落胆の気持ちをぶつけているのです。これは、かなりのピンチに陥っている状況だと捉えなくてはいけません。

では、1人では解決できそうにないようなこんな場面、乗り越える方法はあるのでしょうか。

あります！　ぜひ以下のように伝えてください。

「お客様がそこまで（金融庁に伝えるほど）お怒りであるということ、大変よく理解できました。私の対応に至らない点がありましたこと、反省するばかりでございます」

クレーム対応5つのステップの「2．共感する」で、お客様を理解しようとする姿勢（P38参照）が大切であることを解説しました。信頼を失いかけたこんな場面こそ、再度、共感の言葉を投げかけ、自分の対応に至らない点があったということを、お詫びの言葉として伝えてみてください。

この一言でお客様は冷静さを取り戻し、担当者への悪い印象を覆すようになるでしょう。

「金融庁に言うぞ！」「このことは本社にも連絡をする！」の言葉を受けて、「私どもがどうこう言える立場ではありませんので…」という切り返しをするよう指導している金融機関がありますが、これは目の前のお客様をモンスタークレーマーと考えてしまっている対応です。これでは、挽回する最後のチャンスを逃してしまいます。

お客様は、金融庁や本部に連絡をしたくてクレームを言っているのではありません。それぐらいお怒りであるということです。ちゃんと対応してほしかったのです。このことを担当者側が理解して、リカバリーする努力を怠らないようにしてください。

クレーム対応に関する部下への指導方法

ここでは、私が金融機関や保険会社の方と接していて、よく受ける2つの質問について解説していきたいと思います。

(1) クレームに対し感情的になる部下への指導方法

私はここ数年、一般社団法人全国地方銀行協会の研修所で、支店長のみなさんを対象にしたクレーム対応研修を担当しています。

その研修の際に、支店長のみなさんから出てくる質問として、「**クレーム対応で、つい感情的になってしまう行員がいるのですが、どうすればいいでしょう**」というものがあります。

とてもよくわかります。私も、企業のお客様相談室に配属になった当初、感情的な態度で対応をしてしまい、さらにお客様を怒らせてしまったことがありました(涙)。

実は、クレームを受けて感情的になってしまう担当者には2つのパターンがあります。それぞれのパターンの問題点をクリアできれば、感情的になったり、逆ギレしたりすることもなくなります。順番にご紹介しましょう。

まず1つ目のパターンは、**「クレーム対応のやり方を知らない」**。
先日、研修の相談を受けた銀行からの依頼で、支店の行員の仕事ぶりを視察させてもらいました。
すると、ATMの前でお客様にクレームを言われている現場に偶然遭遇しました。携帯電話で通話しながらATM操作をしている年配の女性に「振り込み詐欺ではないか」と声をかけた行員に対して、お客様は「私が騙されるはずがない」とお怒りの様子でした。
対応したのは女性の行員でしたが、「申し訳ありません。申し訳ありません」と、お客様に何度も謝っていました。これは、クレーム対応のやり方を知らない担当者の最大の特徴です。怒りまくるお客様に対して何度も謝罪を繰り返す――残念ながらこの対応は、「こっちはこんなに謝っているのだから許してよ」という考えが透けて見えてしまいます。当然ですが、このような対応をしたことによって、お客様から「あなたは何もわかっていない！」とさらにお叱りを受けていました。

そのやりとりをしばらく見ていたのですが、全く許してもらえる気配がないと感じたこの女性行員は、お客様に対して「私は、お客様のためによかれと思って声をかけたのです！」と逆ギレししていました…。

そして、２つ目のパターンは**「クレームの矢印を自分に向けてしまう」**こと。お客様の言葉に引っ張られて、自分自身を否定されたと考えてしまうのです。

それにより、「私はちゃんとやっているのに、このお客様が言うことは間違っている」と考えてしまうと、自分の感情をコントロールできなくなってしまいます。

今ほどの事例でいうと、自分が責められているという感情から「私はお客様のためを思って声をかけた。それなのに何よ、その態度は！」という気持ちが生じ、逆ギレしてしまったのです。

実はこの「お客様のことを思ってやったことなのに」という考えは、お客様のためであるようで、本当は自分のことしか考えていないものだといえます。行動の軸が、自分が主役となっています。振り込み詐欺を防ぐために「私が注意してやっている」という考えが根底にあるのかもしれません。

見て見ぬふりをするのではなく、お客様に手を差し伸べることはよいことですが、〝自分がやってやっている〟という考えはなくすべきです。

お客様の立場から考えると、「振り込み詐欺に騙されていると思われた」ことがとても恥ずかしく感じられたのかもしれません。

クレーム対応はある意味、人間の価値観と価値観がぶつかりあうコミュニケーションです。こちらが自分の価値観をもとに対応すると、お客様からは、「そんなはずないでしょ！」「それぐらい当たり前のことでしょ！」と、お客様の価値観に基づく言葉がたくさん出てきます。

自分と違う考えは、なかなか受け入れられないものです。お客様の中には様々な考え方を持った人がいますし、機嫌が悪いときには人の意見を受け入れられない状態に

なっていることもあるでしょう。

だからこそ、相手の価値観や気持ちを理解しようとすることが大切なのです。クレームの矢印を自分に向けて感情的になっている担当者は、軸が自分になっているということです。

戦う相手は自分の感情です。感情的にならずに相手を受け入れることが大切です。

事例のようなケースでは、以下のように対応してみましょう。

お客様「私が振込み詐欺にひっかかるわけないじゃない。私をバカにしているわけ!?」

担当者「誠に申し訳ございません。お客様をそういうお気持ちにさせてしまったということ、反省するばかりです。でも、そう（振り込み詐欺）ではなくてよかったです」

お詫びと反省の気持ち、振込み詐欺でなくてよかったという言葉、気遣いの言葉がお客様の怒りを和らげます。お客様は案外、冷静になって「いや、ちょっと言い過ぎましたね。私こそごめんなさい。気にかけていただきありがとう」と言ってくれるのではないでしょうか。

感情的になって得することは何もありません(私も昔、随分と痛い目にあいました)。言い返したところで、誰も幸せになることはありません。クレーム対応で感情的になりそうな方は、クレームに感情的になること自体が恥ずかしいことだと考えるようにしてください。

(2)クレームをよく起こす部下への指導方法

ある損害保険会社の講演に行ったときは、「自分の営業成績のことしか考えていない部下が、たびたびお客様を怒らせてしまい、私がそのたびにお客様のもとへ謝りにいっています。どう指導すればいいでしょうか」という質問が多く出ました。

特に最近は、よくクレームを起こしているセールス担当者とそうではないセールス担当者が2極化しているように感じます。

お客様からクレームを言われるセールス担当者は、お客様のことより自分の営業成績や給料のことばかり気にして、お客様を数字として見ていないように思います。

お客様は自分自身を映す鏡です。お客様を数字でしか見ていなかったら、お客様もあなたのことを数字でしか見なくなります。安くてお得な商品が新しく出れば、すぐにそちらの商品に切り替えるでしょう。

いまは、影響力がある人のＳＮＳへの１つの投稿で商品が売れる、そんな時代です。インフルエンサーと呼ばれる、世の中に影響力のある・発信力のある人がマーケットを動かしています。**人は自分が好きな人、信頼している人からしか、ものを購入しない時代になりました。**

私自身、20年以上契約している保険会社がありました。社会人になったタイミングで生命保険を契約した会社です。そのときの私の担当者は年輩の女性でした。契約のときには「生命保険に入ったからといって安心しないでください。社会に出ると学生の頃とは違って、無理して働いたり、ストレスがかかったりして体を壊す人がいっぱいいますから、バランスの取れた食事や適度な運動を心掛けて、心身ともに健康でいることが大切ですよ」と、まるでお節介な親戚のおばさんのように言われたのを鮮明に記憶しています。

いろいろな病気の予防法について口を酸っぱくして話していました。「仕事で成果を出すことも大切だが、健康でいることのほうがもっと大切」とも教えてくれました。後に本人から聞いたのですが、この担当者の女性は、ご自身の娘さんを病気で亡くされた経験があったのです。しかも、社会に出てすぐという若さだったそうです。

保険の営業をしている以上、契約件数や売上ノルマもあると思うのですが、保険契約のあとも、ご自身の経験や相手への思いを熱く語れる仕事ぶりに感激したことを覚えています。その後、その方は退職されましたが、よくお電話をいただいたり、直筆でのお手紙も定期的にいただいたりと、気にかけていただいたことに大変感謝しています。その後の自分の仕事のやり方にも多大な影響を与えてもらいました。

パナソニックの創業者、松下幸之助さんの言葉に**「売る前のお世辞より、売った後の奉仕、これこそ永久のお客を作る」**というものがあります。まさに、この言葉を体現するような方でした。

その後、担当者は変更になりましたが、この保険会社との契約はしばらく続けていました。その方が提案してくれた商品だからです。

ですが、残念ながら最近になって、他の会社に保険を変更することとなりました。保険料の引落しの銀行口座を変更したいと、その保険会社のコールセンターに連絡したことが事の始まりでした。私もよくなかったのですが、電話したタイミングが遅かったようで、口座変更の手続きが間に合わず、残高不足で保険料が引き落とされなくなってしまいました。

その後、担当者から慌てた様子で、「引き落としが確認できません」と何度も携帯電話に連絡が入っていました。

正直に言うと、保険の契約更新のときしか連絡を入れてこないのに、お金の入金が確認できないときだけ何度も電話が入り、借金の督促を受けているようで不快な気持ちになったのを覚えています。「売上のためだけに対応しているのでは」と感じて悲しくなりました。その後、信頼する経営者の紹介で親身に相談に乗ってくれる保険会社の方との出会いがあり、そちらに保険契約をお願いしました。

保険は、病気になったり事故を起こしたりしたときの金銭的な負担を軽減してくれる、本当に素晴らしい商品だと思います。ただ、顧客の立場から言えば、自分達の商品力に胡坐《あぐら》をかいていたり、新しい商品を開発することにばかり注力しているのはどうかと思います。

AIを活用して、お客様に最適な商品を迅速に提案できるようになるのも喜ばれることかもしれませんが、それ以上に、お客様としっかり対話する、コミュニケーションを取ることに重点を置きたいものです。

「このお客様はどうなりたいのか」を深く理解したうえでお付き合いすること。何かが起こる前のリスク回避を、プロとしてお客様に喚起すること。この2つができる人しか生き残れないと思います。

結局は、「何を買うかより、誰から買うのか」だということです。これからさらに

人とのつながりが重視され、信頼度の高い理解者だけが評価される時代になると思います。

話が少しずれましたが、前述したように、お客様を数字として見ているようでは、いつまでたってもクレームはなくなりません。クレームが多い部下に対しては、まずは基本的な意識改革を行わせる取組みが必要となります。

中級編

クレーム客をファンに変える！ワンランク上の対応術

マンガ　すべては対応次第！クレームから得られるものとは？

もしもし 近代生命の松本と申します こちら 高橋様の 携帯電話でしょうか？
はい そうですが…
このたび 前任の西川から 高橋様の担当を引き継ぎまして ご挨拶のお電話を させていただきました
今 少々お時間をいただいても よろしいでしょうか？
いや 仕事中なのでちょっと…
それは失礼いたしました ご都合のつく時間は 何時ぐらいになりますか？
チッ

私は外回りの仕事で忙しいから
連絡する場合は必ず
電話ではなくメールにしてくれと
お願いしてあるんだが
西川さんから聞いてないのか⁉
そうでしたか
ちゃんと確認すれば
よかったのですが
緊急でお伝えしたい
内容がありましたので…
しっかりしてくれよ
お客様のところにいるときに
関係ない電話がきたら
仕事に差し支えるじゃないか
申し訳ありませんでした
ただ 引き継ぎについては
前任の西川のミスですので
私にそのように言われても…
つべこべ言い訳をするな!
お前はさっきから
何を言っているんだ!
え⁉

こっちにとっては誰のミスだろうとそんなのどうでもいいんだよ！

そっちがミスしたことは間違いないんだからまずは最初に謝罪の言葉があるべきじゃないか！

すすみません…

それなのにつべこべ自分に都合のいい言い訳ばっかり並べやがって
はは い…

君はいったいどんなつもりで仕事をしているんだ！

申し訳ありません

だいたい こっちが念押ししてお願いしておいたことを引き継いでいないなんて大事な生命保険をこのままお宅にお願いしていいのかどうか不安で仕方がないよ
そ そんな…
じゃ これ以上無駄な時間を使うわけにはいかないから
はい本当にすみませんでした
カチャ
はぁ…何で僕がこんなに怒られるんだ
どうやら 対応に失敗してしまったようだね

はい…
元はといえば きちんと引き継がなかった 西川さんが悪いと思いませんか
たしかにそうだね
だけど お客様を 必要以上に 怒らせてしまったのは 君の対応のせいだよ
僕のせいですか?
そうだな
何より こちらのミスにも関わらず 言い訳をしてしまったり 逃げの姿勢を取って しまったりするのは 一番よくないことだよ
君のミスではなくても 当社のミスであることには 変わりないのだから まずはしっかり謝罪しよう

はい
お客様にも言われました
実は 引き継ぎに関するクレームは
とても多いんだ
これからもあるかもしれない
そうなんですか?
そういうときこそ 腕の見せ所!
きちんとした対応ができれば
お客様は感心して
君のファンに
なってくれるかもしれない
僕のファンに?
まさか

本当だよ
現に僕のお客様の中には
クレーム対応を通じて
深い信頼関係を築けた人が
何人もいるよ
そうなんですか
信じられないです
じゃあさっそく さっきのお客様への
謝罪のメールを一緒に作ろう
誠意が伝われば
きっと許してもらえるよ
さ！　ビシバシいくよ！
近代生命
なんだかこわいなあ
が がんばります！

〈参考資料〉　謝罪メール文面例

高橋　洋介様

平素は格別のお引き立てを賜り、厚く御礼申し上げます。
近代生命　営業1課の松本 優太でございます。

数多い企業がある中、当社をお選びいただき、
また長年ご契約をいただきまして誠にありがとうございます。

このたび、高橋様からのお申し出内容の確認を怠り、
お電話を差し上げてしまうという不始末をし、
高橋様に大変ご不便をおかけしましたこと心よりお詫び申し上げます。

お忙しい中、お手間をとらせてしまいましたこと、
さらに私の対応で高橋様を落胆させてしまったことを考えますと、
営業担当として誠に恥ずかしい限りでございます。

前任の西川からの引継ぎにつきましては、滞りのないように
徹底しておりましたが、私に気持ちの緩みがあったこと、
深く反省しております。

今回のご指摘を肝に銘じまして、今後はメールにて
ご連絡差し上げるようにいたします。
高橋様から失ってしまった信頼を取り戻すべく、
ご要望等には迅速に対応し、営業担当として
高橋様のお役に立てるようサービス向上していく所存です。

長年ご契約をいただきながら、ご迷惑をおかけしましたことを
重ねてお詫び申し上げます。

高橋様におかれましては、今後も、当社をご愛顧いただけますよう、
何卒よろしくお願い申し上げます。

このたびは、私の至らない点をご指摘賜り、誠にありがとうございました。

近代生命株式会社　営業1課　松本 優太
〒・・・－・・・　東京都○○区○○1－1－1
TEL　○○○(○○○)○○○○

「感動対応」でお客様の心をつかもう

「ダメ対応」「処理対応」「感動対応」の違いとは

このマンガも、私のクライアント先で実際にあった話です。保険会社で、担当者の引継ぎ時のミスからお客様を怒らせてしまった事例です。

担当者変更による引継ぎ業務の場面では、思わぬトラブルやクレームが発生しやすいもの。最初につまずかないためにも、万全を期してお客様にコンタクトを取りたいものです。

初級編では、初期対応での失敗を回避し、お客様に納得してもらうためのクレーム対応「5つのステップ」を学んできました。

ここからは中級編ということで、クレームを言ってきたお客様を〝ファン〟に変えてしまう、ワンランク上の対応法について紹介していきたいと思います。

どのようにすれば、クレーム対応から、そのお客様を自分や自社のファンにすることができるのか——具体的に理解しやすいように、ここでは、全くイケていない「ダメ対応」、多くの人が陥りやすい「処理対応」、ファンを作れる「感動対応」という3つに分類して見ていきます。

それぞれの対応の冒頭には、クレーム対応で私が大切だと考えている3つの要素、『心構え』『技術』『体制』に当てはまるキーワードを挙げています。

『**心構え**』はクレームに対してどんな気持ちで臨むのか、『**技術**』はクレーム対応のスキルと知識・語彙力、『**体制**』は組織体制やクレームにどれだけ準備をしているかを表します。これが、**クレーム対応の心・技・体**というわけです。

(1)「ダメ対応」とは

ダメ対応の特徴

- 心構え……………避けたい　逃げたい　やりたくない
- 技術………………お客様に言い訳する　お客様を否定してしまう
- 体制………………組織内で共有されていないので同じことを繰り返す

まず、「ダメ対応」について紹介します。こうした特徴を見ると、「そんなのありえない」と思うかもしれませんが、過去に私が相談を受けたある会社の支社ではこのような状態が当たり前となっており、大変驚いたことがありました。正直、誰もが知っている大企業や、市役所などの行政などでもこのようなことになっているところがたくさんあります。

先に結論を言うと、クレーム対応が「ダメ対応」になってしまう最大の要因は、『心構え』の部分にあります。

「ダメ対応」をしてしまっている多くの担当者の心理は〝クレームは極力避けたい〟というものです。例えば、お客様からクレームの電話が入り、折り返し電話をしなくてはならない場合も、恐怖心が先に出てきて、ついつい後回しにしてしまいます。さらに、自分の社内評価を下げたくないという保身の気持ちが上回り、上司への報告を怠る人も少なくありません。まさに「逃げる・放置する」といったような状態です。

当然、逃げれば逃げるほどクレームは大きくなります。隠れていても嵐は過ぎていきません。自分の心の中の恐怖心に打ち克ち、お客様としっかり向き合う勇気を持つようにしてください。

クレーム対応への恐怖心やネガティブな感情は、クレーム対応の上手なやり方を知らないから沸き起こります。知識を身に付けると、自ずとこのネガティブな感情は取り除かれます。1回でもクレーム対応がうまくいくと、前向きな気持ちを手に入れることもできるのです。

次に『技術』についてですが、これには大きく分けて、「お客様に言い訳する」「お客様を否定してしまう」という2つの誤った対応のパターンがあります。ここではそれぞれのパターンについて、保険会社でお客様からご指摘のあった実際のクレーム事例を紹介します。

言い訳してしまう事例

お客様「前任からの引継ぎで、私への連絡は電話ではなくてメールでしろということ、確認しなかったのか!?」

担当者「ちゃんと確認すればよかったのですが、緊急でお伝えしたい内容がありましたので…」

これは、マンガの中に出てきた対応です。

「ちゃんと確認すればよかったのですが…」が余計な一言だとみなさんも気づいたと思います。このような言い訳がましい言葉を投げかけてしまった時点で、お客様からの信用は一気に崩れ去ります。この状態からお客様をファンに変えることは至難の業です。

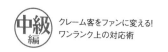

この場合、引き継ぎ事項を確認していなかったのであれば、言っていることは同じでも、次のような言い回しをすることをオススメします。

「確認を怠っておりました。誠に申し訳ございません。緊急でお伝えしたい内容がありご連絡してしまいました」

このようにお詫びの言葉を最初に入れる言い回しに変えると、ずいぶん印象は変わります。確認を怠ったことよりも、緊急で伝えるべきことは一体何なのかという点がフォーカスされ、お客様が不満を言ってくることはありません。

お客様を否定してしまう事例

お客様「契約した後、お宅から何の連絡もない。売ったらそれで終わりですか！」
担当者「お客様！　そんなことはありません。定期的にプランの見直しの提案書をお送りしていますよ」

2つ目のパターンは、お客様を否定してしまうものです。感情的な態度で自分達の正当性を主張してしまう担当者がいます。この事例は、契約してから5年経つお客様からのクレームでした。

クレーム対応の場は、自分達の正当性を主張する場ではありません。

このケースの場合、担当者としては、自分達はしっかりやっていると考えているのでしょう。しかし、実際にお客様は、契約後に何の連絡もないと考えているのです。お客様は、何か相談に乗ってほしいことがあったのかもしれません。「売ったら終わりか」という少し攻撃的な言葉に対して感情的になり、「そんなことはない」とお客様を否定してしまえば、お客様は怒って契約を切ってしまうこともあるでしょう。

このケースでは、自分の仕事ぶりをお客様が不満に思っているということをまずは認識すべきでした。そのうえで、お詫びの言葉を使い、以下のような表現で、お客様の気持ちをしっかり受け止めるべきだったといえます。

「いつもご利用いただきながら、ご満足いただけず申し訳ございません。

お客様、この件につきまして説明をさせていただいてもよろしいでしょうか」

「言い訳」と「否定」は、自分へのクレームを恐れている担当者が最もやりがちな2大ダメ対応です。初級編でお伝えしたように、まず謝罪の言葉を使いこなせるよう準備をしておきましょう。

よく起きるクレームに対しては、どんなお詫びの言葉を伝えるのがよいかを常に意識しておくとよいでしょう。それによって、お客様との関係性が大きく変わってきます。

最後は『体制』についてです。

「ダメ体制」の最大の特徴は、クレームがあったことが組織内で共有されていないことです。クレーム自体は、個人の仕事ぶりに対するものであっても、クレームが発生した時点で組織全体の問題として共有しておくことが必要です。まず、「こんなクレームがあった」という事実は、必ず上司に報告しましょう。

「一生懸命仕事をしているにも関わらず売上数字が上がらない」、そんな時に限ってクレームが発生するものです。上司からの評価を下げたくないという気持ちもわかります。それならば、上司に報告する時には、「こんなクレームがありました」と後ろ向きな言葉で報告するのではなく、**「私に至らない点があり、お客様からこのような改善のヒントをいただきました」**と、前向きな言葉に変換して報告してみてはどうでしょうか。

そうすれば上司からも具体的なアドバイスがあり、一緒に同行して対応してくれることもあるでしょう。無事にクレーム対応が終わった後、「今後はこのように仕事のやり方を変えていきたいと思います」と上司に宣言すれば、「さらに良くなるためにはこんな仕事のやり方があるぞ」とアドバイスがもらえるかもしれませんし、評価が下がるようなことには決してならないと思います。

クレーム自体をネガティブなものではないという捉え方に変え、それを組織で共有することにより、同じクレームは起きなくなり、売上も上がるようになります。状況は大きく変わっていくのです。

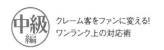

(2)「処理対応」とは

処理対応の特徴

- 心構え……………早く終わらせたい　効率よくやりたい
- 技術……………説明不足　お客様視点の欠如
- 体制……………マニュアルがない　ケースバイケースで対応している

次に「処理対応」について考えてみましょう。

処理対応は、ダメ対応ほどひどくはないものの、クレームをきっかけにお客様を自らのファンに変えるまではいかないレベルの対応です。

ここで〝処理〟という言葉を使用しているのは、〝クレーム処理〟という表現を使っている金融機関・保険会社が少なくないからです。

クレーム処理という言葉を使っている時点で、〝クレーム対応を早く終わらせたい〟という心理が働いています。「効率よく対処しよう」「対応に時間をかけたくない」という気持ちがお客様に伝わり、お客様をさらに怒らせてしまいます。

働き方改革における長時間労働の改善や、ＡＩ導入による事務作業の効率化がどんどん促進されていますが、クレーム対応までも効率化を目指してしまうと、お客様との関係は上手くいかなくなります。大切なお客様とのコミュニケーションまで効率よくやろうとしてはいけません。

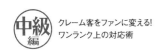

さらに「処理対応」をしてしまっている担当者の特徴として、クレーム対応の優先順位が低いことがあります。**金融機関の渉外担当者や保険セールス担当者は、自社の商品知識の習得やプレゼン力のスキルアップという営業の攻めの部分はとても熱心に学んでいるのですが、クレーム対応・アフターフォローという守りの部分には弱さが目立つように思います。**攻めて得点をあげたところで、守れず失点を繰り返していてはお客様から愛想をつかされてしまいます。

クレーム対応という守りの部分も自分の武器として磨くことで、お客様に「クレームを言ってよかった」と思ってもらうことをゴールにしてください。安心して、また次回以降も利用してもらうことを最優先にすべきです。

効率よく〝処理〟したいという心理が起こす『技術』面での弊害の1つに、解決を急ぐあまりに説明不足となって、それがさらなるクレームを生むということがあります。

説明不足となっている事例

お客様「なんで代理人には保険料の支払いの明細書がすぐに出せないの？　それぐらいできるでしょう！」

担当者「申し訳ございません。それは会社で決められていますので、ちょっと難しいですね」

この事例では、冒頭にお詫びの言葉を入れたのは悪くないと思いますが、「会社で決められているのでできない」はあまりに事務的な回答です。

当然ですがお客様からは、「そっちの都合を客に押し付けるな」という反論の言葉が出てくることでしょう。会社で決まっているのであれば、「なぜそれがダメなのか」「どうすればいいのか」を伝える必要があります。配慮ある言葉を入れ、お客様に納得してもらえる説明を心がけましょう。具体的には、以下のように説明するのが適切です。

「大変恐れ入ります。保険料のお支払い明細書は証券番号をご確認いただき、契約者ご本人様からお問い合わせをいただけましたら、すぐにご用意させていただきます。いかがでしょうか」

この説明は非常に前向きな言葉を使っているのが良い点です。「〇〇しないと〇〇できない」という表現ではなく、「〇〇していただけたら、〇〇できます」という前向きな表現に変換するように意識してください。

処理対応の『技術』面でのもう1つの課題として、〝対応力の欠如〟と〝お客様視点の欠如〟があります。「自分なら、どうしてもらえば安心するだろうか」というお

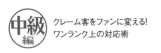

客様の立場に立った対応力を持ち合わせていないと良質なやりとりはできません。よくありがちなクレームについて現場での対応力を身につけることで、お客様に不安な気持ちを与えないようにしましょう。

例えば、以下のような対応をしてはいないでしょうか。

お客様視点の欠如となっている事例

お客様「おい！　いつまで待たせるんだ！」

担当者「恐れ入ります。発券機の番号順にお呼びしていますので、もうしばらくお待ちください」

これも、「恐れ入ります」という気遣いの言葉を使ったのは良かったですが、意味としては「順番に対応しているので、もう少し待ちなさい」と言っているようなものです。お客様の事情によっては、待ち時間は5分でも遅いと感じるもの。発券機の順番通りに案内をするにしても、お客様の立場に立って、以下のように言葉を投げかけてみてはどうでしょうか。

担当者「お待ちいただき、ありがとうございます。恐れ入ります。発券機の番号は何番でございますか。（番号を確認する）あとお2人でお客様の順番でございます。間もなくご案内させていただきます」

ここでの大切なポイントは「お待たせして申し訳ございません」ではなく、「お待ちいただき、ありがとうございます」と伝えていることです。お客様のマイナスの感情をプラスに変換するために、やはり前向きな言葉で伝えましょう。発券機の番号を確認し、あとどれぐらい待つのか目安を伝えることで、安心感も与えられると思います。

最後に『体制』について。**処理対応をしている組織の共通点としては、クレーム対応のマニュアルがない**ということが挙げられます。クレーム対応をケースバイケースと考えて、マニュアル化できないと考えているのです。

今回の事例にもあった「待ち時間」に関するクレームなど、よく起きるクレーム上位3つくらいの対策を立てておくことだけでも十分ですから、組織内の全員が同じ対応ができるようにしておきましょう。それだけで、クレーム対応に対するストレスも随分軽減されるはずです。

『技術』の項目において、対応力を身につけるということをお伝えしましたが、そのためには、体制整備の一環として、組織全体でクレーム対応時の語彙力を身につけておくことが必要です。

クレーム対応は「語学学習」と似ている部分があり、日頃から、お客様に対する配慮の言葉などの言い回しを蓄えておくことが重要です。(本書の巻末に「お詫びの言葉」「クッション言葉」「絶対NGな言葉」を一覧にしていますので参考にしてください)

(3)「感動対応」とは

感動対応の特徴

- 心構え……クレームはありがたいものと考えている
- 技術……お客様の良き理解者になっている
- 体制……クレームに対して感謝の気持ちを伝えている

3つ目は、読者のみなさんにぜひ習得してもらいたい「感動対応」です。「感動対応」とは、読んで字のごとく、お客様に感動してもらう、クレームを言ってきたお客様をファンに変えてしまう対応を意味します。

感動対応の最大のポイントに、『心構え』として「クレームはありがたいものと考えている」という点があります。逃げたい、早く終わらせたいといった考えとは真逆で、「クレームを言われて喜んでいる」くらいの感覚が必須になります。

以前、クレーム対応研修を行った地方銀行での話ですが、役員からの話で非常に印象に残っている言葉があります。

それは、**「クレームは、私たち銀行マンが正しいと思っていることと、お客様が求めていることのギャップを見つける最高の機会だと考えています」**というものです。

さらに、「自行のマーケティング担当がレポートとして抽出してきた市場調査報告よりも、クレームの内容の報告書のほうが、格段にお客様の価値の変化を知ることができます」と言っていました。

こうした心構えがあることによって、クレームを学びに変え、自分達の仕事のやり方を変えることができるようになります。感動対応の基本となる考え方であると同時に、あらゆるビジネスパーソンが心に留めておくべき理想の心構えだと思います。

「感動対応」の『技術』と『体制』については、項目を改めて、具体的な事例を挙げながら詳しく紹介していきます。「感動対応」は、クライアント先で、私が本当に素晴らしいと感じた現役の銀行役員、業績の高い店舗で活躍している支店長、保険会社のトップセールルマン達が共通して実践している対応ですので、非常に参考になると思います。

「感動対応」でお客様の心をつかもう

事例で学ぶ!お客様を笑顔にする感動対応

(1)お客様の要望に添えない場合の対応方法

感動対応の『技術』に関して、紹介したい事例があります。

数年前の話ですが、私の「クレーム対応セミナー」を受講した地方銀行の渉外担当者から、ある相談をされました。

その内容は、「旅館と飲食店を経営している取引先を助けたいので、アドバイスが欲しい」というものでした。その渉外担当者は、30歳代前半の西野さんという方でしたが、もともと私のクレーム対応セミナーを受けに来たきっかけは、「取引先から強硬なクレームがあったが上手く対応できず、その社長を激怒させ、お客様の信頼を失ってしまったから」とのことでした。

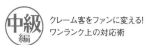

そのクレームの原因は、取引先の社長から融資の申込みがあった際の、西野さんの対応にありました。西野さんは融資の申し込みに対し、次のように答えたそうです。

「ご相談ありがとうございます。お申込み内容も承知しました。おそらく大丈夫だと思いますが、少しお時間をいただきまして、改めてご連絡いたします」

問題は、「おそらく大丈夫だと思います」の言葉でした。西野さんは「いつまでにお金が必要」という期日に対する「時間的には大丈夫」のつもりでしたが、社長は「融資ＯＫ」と解釈したようでした。

長年取引している企業ということもあり、融資に対して消極的ではないという気持ちを伝えたかったのが悪い方向に向かってしまいました。後日、申込書類を受領し受付手続きに入ったものの、融資担当からの回答結果は「今回は難しい」というものでした。

申し訳ない気持ちでいっぱいになりながらも融資謝絶の旨を伝えたところ、社長は激怒しました。

担当者「社長…。申し訳ございません。融資の件ですが、詳細は申し上げられないのですが、今回は融資担当の決裁を得ることができませんでした」
社長「どうしてですか！　あなたが大丈夫だとおっしゃったので、私は安心していたのですよ！」
担当者「誠に申し訳ございません…（ただ黙ったまま、言葉が出てこず）」

融資ができないことの理由を曖昧なものにしてしまったことも重なり、お客様からのクレームは1時間以上も続きました。最終的には、「融資ができると言った・言わない」で大きなトラブルに発展したということでした。

では、こうしたピンチは、どうすれば乗り越えられるのでしょうか？　それには「3回説明話法」という手法が有効です。

これは簡単に言うと、同じ結論であっても、最低でも3パターンの説明を用意するという方法です。

どのように説明するのかを順に述べていきます。
まず**1回目は、「わかりやすく伝える」**ことを重視して説明します。大前提として、業界の専門用語や難しい言葉を使わず、理解しやすいように簡潔に伝えましょう。

1回目

「今回お申込みいただきましたご融資につきまして、結論から申し上げますと、お客様のお役に立つことができませんでした。誠に申し訳ございません。私どもを信頼してお声かけいただきましたのにご期待に添えられず、担当者の私としましても心苦しい限りです」

2回目は、「背景や根拠を伝える」説明を行います。なぜそうなのか、どうして今回は要望に添えられないのかの理由をしっかり伝えましょう。
西野さんの説明にあるような「詳細は申し上げられないのですが」といった言い方はＮＧ対応です。背景や根拠を明確にしないと、「理由もなく断られた」と不信感だけが残ります。

2回目

「今回ご融資をご利用いただけない理由をお伝えさせてください。頂戴した経営計画書をしっかり拝見させていただきました。お借入れご希望金額とキャッシュフローの想定内容を鑑みまして、売上を○%上げるための具体的な施策がない限り、今回は融資をお受けいただけないと判断させていただきました」

このように、わかりやすく背景や根拠をしっかり伝えたにも関わらずお客様が納得しない場合には、**3回目として「過去の事例を伝える」**ということもぜひ覚えておいてください。以前から、同じケースではどのお客様にもこのように対応しており、お客様によって対応や結論を変えていないこと、明確なガイドラインに沿って対応しているということをお客様に説明するのです。

3回目

「実は以前にも、長年お取引のあるお客様から運転資金として今回と同じような融資のお申込みをいただいたケースがあったのですが、今回と同じ理由でご協力

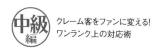

できませんでした。ただ、今回のご融資のご相談で、社長が経営改善の計画をお考えであるということがわかりましたので、私どもとしましても、できることを全力でお手伝いさせていただきたく存じます。社長、一緒に考えさせていただけませんか」

以上のように、3段階の説明を伝えることができたら、要望を叶えることができなかったとしても、大きなトラブルになることはなかったのではないでしょうか。

実は、**クレーム対応において、100%お客様の要望通りの解決策を出すことはとても難しいです。**そもそも、100%要望通りの解決策を提示できるようならクレームになっていなかったことでしょう。

だからこそ、「90%は何かできることはないだろうか」「75%になるかもしれないが何かできることはないだろうか」というように考えてあげることが重要です。

この事例であれば、融資はできなくても、3回目の説明にあったように、**「本業の**

支援や経営改善のお手伝いを申し出る」ことはできるはずです。お客様に喜ばれることと、自分ができることを一所懸命になって探す努力を怠らないということはできると思います。

⑵クレーム対応のリカバリー方法の考え方

さて、実際にこの事例はどうなったのか。

社長を激怒させてしまった西野さんは、直属の上司と支店長にその後の対応をお願いしたことで、最終的には融資の謝絶を渋々納得してもらえたようでした。

そのタイミングで西野さんは、私のところに**「失ったお客様の信頼を回復したいので、協力していただけませんか」**と相談にきたのです。

今回、融資の申込みがあった背景には、経営している旅館の売上が右肩下がりとなっていることがありました。宿泊料金を値下げすることによって何とか売上を維持している状況でしたが、従業員のモチベーションも低くなっていました。そのせいか、お客様からのクレームも多発するようになったのですが、うまく対応できず、怒らせたままお客様を帰してしまうことも少なくなかったようです。その結果、旅行サイトのクチコミ投稿欄も悪い書き込みばかりされている状態でした。

どうすればいいのか考えた西野さんは、私に「従業員のみなさんへのクレーム対応研修をお願いしたい」と依頼に来たのです。

実は、私が以前会社員としてお客様相談室に所属していたのは、全国の温泉旅館やホテルの予約代行サービスを展開している旅行会社でした。クレーム・コンサルタントとして独立してからも旅行業界のお客様はたくさんいましたので、業界の状況はよく知っているつもりでした。

クレーム対応研修を引き受けることになり、私は旅行サイト各社のこの旅館に対するクチコミ投稿欄をすべてチェックしました。そして、依頼から2週間後に西野さんとともに社長のもとに行き、打ち合わせと現場視察を行いました。

そこで私ができることとして考えたのは、「クレームを未然に防ぐこと」「クレームが発生した際の対応力の強化」でした。

旅行サイトのクチコミ投稿欄で最も気になったのが、「お風呂」の点数が低く、悪いクチコミ投稿が多かったことでした。ですが、現場を視察してみると、お風呂自体は悪くなく、むしろ他の旅館に比べても広く、露天風呂も素晴らしいものでした。評価が低い要因は、脱衣所が清潔さを保たれていなかったことにあったのです。せっかくお湯につかって癒されても、脱衣所が清潔でないと印象は悪くなるもの。この面はすぐに改善をお願いしました。

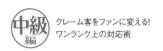

そして、クレーム対応研修では、**「よく起きるクレーム上位3つ」**を挙げてもらい、この3つに対しては全従業員が同じ対応ができるよう、ロールプレイングで何度も練習して対応法を習得してもらいました。

ちなみに私がこれまで多くの会社のコンサルティングをしてきてわかったことですが、クレーム対応はよく起きる上位3つの対応をしっかりやっておくことで、全体の

90％以上はカバーできます。それほど、同じことでお客様からお叱りを受けているということです。

　さらに私が取り組んだもう1つの施策として、悪いクチコミ投稿に対して旅館側が返信投稿できるサイトについては、お客様に満足してもらえなかったことへのお詫びの言葉と、改善のヒントをいただいたことへのお礼を載せた返信を公開していくことも徹底をしてもらいました。

　西野さんはほかにも、タオルやシャンプー等のアメニティ商品について価格が安く質の高いものを提供している業者を紹介したり、集客力強化のためWEBでのインバウンド客用対策のサポートを行ったり、現金決済に力を入れている旅行会社を斡旋したりして、キャッシュフローの流れをよくするための施策を積極的に提案しました。

　結果として、1年後には旅行サイトの良いクチコミ投稿が増え、「お風呂」だけでなく「接客・おもてなし」の点数も大幅にアップさせることに成功。クレーム対応でお客様を怒らせて帰すこともなくなりました。

社長も西野さんの提案を取り入れることで、今までの取引業者のしがらみをなくし、業者を思い切って変更したことでコストダウンにも成功し、キャッシュフローも大幅に改善されて大喜びだったそうです。

西野さんの「失ったお客様の信用を回復したい」という熱い思いが実現した見事な挽回劇でした。

この事例での西野さんの仕事ぶりからもわかるように、**お客様対応に失敗したり、クレーム対応でお客様の希望を叶えられなかったりということがあっても、お客様の良き理解者として自分達ができることを全力で支援をすることで、お客様の怒りを笑顔に変えることができるのです。**

「感動対応」でお客様の心をつかもう

クレームがあった お客様への事後対応

⑴ 謝罪よりもお礼の言葉を伝える

前項で紹介した西野さんのリカバリー対応が見事だったように、クレーム対応では、アフターフォローも非常に重要です。ここでは、クレームを寄せてきたお客様に対する、事後の対応、感動対応の『体制』について解説します。

アフターフォローとしてまず意識したいのは、クレームを言ったお客様に〝気を遣わせない〟ことです。

仮に、クレーム対応が上手くいき円満解決で収束したとしても、次回、お客様と顔を合わせるときに、少し気まずさを感じることがあるのではないでしょうか。当然ですが、お客様も同じ感情になっているはずです。

ここは、お客様のよき理解者として、お客様に気を遣わせないためにも、開口一番にこう伝えてみてください。

「○○様、先日は私どもの至らない点をご指摘いただき、本当にありがとうございました」

この言葉にお客様は大変感激されると思います。

私のクライアント先の信用金庫の支店にも、クレームが起きた場合は支店全員にその内容が共有されており、担当者以外の職員であっても**「いつもありがとうございます。今後もご指導を賜りますようよろしくお願いいたします」**と、クレームを寄せてきたお客様に必ず伝えるようにしているところがあります。

「先日は申し訳ございませんでした」と謝罪をするより、「ご指摘ありがとうございました」「今後もよろしくお願いいたします」というように感謝と依頼の言葉を使用することで、お客様に気を遣わせないことが大切です。

まさに、「クレームはお客様からのアドバイス」であることを、組織の姿勢として前面に出すことが重要なのです。このような感動対応がきっかけで、周りに良いクチコミを広めてくれたり、新しいお客様を紹介してもらえたり、といったケースはたくさんあります。

(2)アフターサービスは「2本の矢」を放つ

私がクライアント先の企業に必ず提案している内容があります。

それは、「2本の矢」を放つ方法です。お客様のハートを射止める、とっておきのアプローチ法になります。

①お詫びの品を届ける
②お詫びの手紙を送る

1つ目の矢は「**お詫びの品を届ける**」こと。これは、タイミングがとても重要です。

例えば、「保険を契約しているお客様の自宅へクレーム対応にうかがう」という場面、みなさんはどうしていますか？　お詫びの品を持参していく、という人が多いのではないでしょうか。

実は、この対応は要注意です。「これで水に流してください。どうかお許しを」と言わんばかりにお菓子等を持参することで、お客様によっては「そんなことで許してもらおうとしているのか！」と余計に怒りを増幅させてしまうからです。

ずばり、お詫びの品は、クレーム対応がすべて終わってから、後日お届けするようにしてください。「先般はお時間をいただき、ありがとうございました。そして大変お手数をおかけしました」という意味で届けましょう。

私は、企業のお客様相談室で働いていたとき、お詫びの品にはとてもこだわりを持っていました。個人的に大好きな美味しい和菓子があり、強烈にお叱りを受けたお客様や、あまり対応が上手くできなかったお客様には、必ずと言っていいほどこの和菓子を送りました。

すると数日後、お客様から電話が入り、若干まだ怒りながらも「**おい！　お前が送ってきたあの和菓子はどこで買えるんだ！　教えろ！**」と言われたことが何度もありま

した（笑）。

その和菓子が買えるお店を教えるやりとりをすることで、お客様との距離が近くなり、次回の利用につながったケースがたくさんありましたので、お詫びの品の効力はあなどれません。お詫びの品というより、大切なお客様への贈り物と考えるようにしてください。

2つ目の矢は、**「お詫びの手紙を送る」**ことです。金融機関の中には、お詫びの手紙を送ることに対して拒否反応を示すところもあり、あまり行われていないようです。しかし、大半のところがやっていないからこそ、やるべきです。やって損はないと確信しています。

手紙を送ることに抵抗があるその理由として、支店長から**「お詫びの手紙を送って、ネットにでも公開されたらどうするのですか？」**と言われたことがありました。それに対して私は、**「ネットに公開されても問題ないぐらいのすごい文面を書けばいいじゃないですか！」**と回答し、実践してもらったこともあります。

実はお詫びの手紙は、どんなことを書くかよりも**「誰が書くか」**がとても重要です。銀行なら支店長、保険会社ならその支社や支店の責任者が書くことがベストです。

上席の方からお詫びの手紙が届くことによって、お客様は**「自分が言ったクレームは、担当者レベルだけではなくて、組織全体に共有されている」**ということが分かり、安心するのです。

内容としては、以下に挙げる形で、感謝状のような文面をオススメします。

「今回、〇〇様に教えていただいたことに感謝の意を表します」
「お客様からご指摘いただいたことで、同じ気持ちで不満をお持ちのお客様がほかにもいるということに気づくこともできました」
「私達の仕事のやり方を見直す貴重な機会をいただきました」
「これまで以上に、サービス向上を図っていくことをここにお約束します。本当にありがとうございました」

どうでしょうか。むしろ「ネットに公開してほしい」と思えるぐらい、お客様がクレームを言ったことへのほめ言葉と感謝の言葉を手紙にしてみてください。

上級編

悪質クレーマーに負けない！見極め方と打ち切り方

マンガ ピンチから脱出！悪質クレーマーへの対処法

お待たせしました
26番の番号札を
お持ちのお客様
チッ
ダッ
ちょっと！
どうなってるんだ！
いったいどれだけ
待たせるんだ！
お お客様!?

こっちは15分も待ってるんだ
俺の貴重な時間を
無駄にしやがって
大変申し訳ありません
順番にご案内させて
いただいておりますので
申し訳ないと
思っているなら
金で誠意を見せて
もらおうか！
申し訳ありませんが
そうしたことについては
対応いたしかねます

なんだと！
いますぐ責任者を呼べ！
責任者を！
このハイカウンターの
責任者は
私でございます
お客様のご相談に
ついては
私が承ります
なんだと！
俺のことを
馬鹿にしてるのか！

ギュッ
お客様
あまり大きな声を出されますと
周りの方が驚かれます
それに私も 怖くて
何を言っていいのか
わからなくなってしまいます
ばかやろう！
それでも
お前は責任者か！
この役立たずがっ！
ばかやろう とおっしゃるほど
お客様がお怒りであることは
よく伝わりました
ただ これ以上
そのような汚い言葉を
おっしゃるのであれば
私どもとしては
対応できませんので
どうぞお帰りください

くっ
お気が落ち着かれてから再度ご来店いただけますでしょうか
わかったよ！
チッ
ありがとうございます
フー
食堂

斎藤さん
お疲れさまです
さっきのクレーム対応よくやったね
課長 見ていたなら助けてくれてもよかったのに
いやいや 君の対応が完璧だったから私の出る幕はなかったよ
それは…
以前 研修で学んだ対応術を思い出しながら実践したからです
ばかやろー
クレーマー
あのお客様は おそらく大声を出して困らせてストレスを発散したかったのだと思います
そうだね

明らかな悪質クレーマーについては毅然とした態度で
『対応ではなく』『対処』するんだったね
はい
大声を出されたときには『怖くて困っている』といういうことも伝えました
これからも毅然としたクレーム対応よろしく頼むよ！
え〜！
こんなことが頻繁にあったら困っちゃいます！
近代銀行

悪質クレーマーとそうではないクレーマーの見極め

私に寄せられるよくある質問に「悪質クレームとそうではないクレームは、どこで判断できるのか」があります。

初級編でも触れましたが、クレーム対応ではお客様に理解を示すことが大切です。なぜなら、**お客様は「解決してほしい」からではなく「わかってほしい」ためにクレームを言うものだからです。**

大声で暴言を吐くお客様もいます。ですが、興奮状態で要求するその言葉以上に、注目してもらいたいことがあります。それは、**お客様は「自分の気持ちをわかってほしいのか」、それとも「大声を出してストレスを発散したいだけなのか」という点です。**

マンガには、「金で誠意を見せてもらおうか！」という言葉がありましたが、お金を要求してくる時点で悪質クレーマーの可能性が非常に高いです。

そんな相手に対して、担当者は**「あまり大きな声を出されますと周りの方が驚かれます。それに私も、怖くて何を言っていいのかわからなくなってしまいます」**と発言しています。実は、これが悪質クレーマーか否かを判断するベストな言葉です。

悪質クレーマーは、相手を怖がらせたい、暴言を吐くことで自分のストレスを発散したいと考えていますので、担当者が怖がっているのを見て、さらに暴言を吐いてきます。

マンガでも、「ばかやろう! それでもお前は責任者か! この役立たずが!」と、クレームの論点がいつのまにか、待ち時間が長かったということよりも、担当者への個人攻撃になっていることに気づくと思います。

「銀行員のくせに頭が悪いのか!」「お前はクズ野郎だ!」と、どんどん攻撃がエスカレートしていく場合もあるでしょう。こうした発言が出るようなら、間違いなく「ストレス発散型の悪質クレーマー」です。

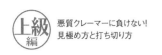

(1) こんなお客様は悪質クレーマーではない

他方、全く同じシチュエーションで、「あまり大きな声を出されますと周りの方が驚かれます。それに私も、怖くて何を言っていいのかわからなくなってしまいます」と伝えることによって、すぐに冷静さを取り戻すお客様がいます。そうしたお客様は、悪質クレーマーではありません。

もしかしたら、そのお客様には何か事情があったのかもしれません。大切な商談のアポイントや、遅れると困る大切な約束があったのではないでしょうか。「俺の貴重な時間を無駄にしやがって」と思わず言ってしまうほど、急いでいた心理状態にあったのかもしれません。

悪質クレーマーではないお客様は、担当者の「怖くて何を言っていいのか…」という言葉に対し、「私は怒りに任せて、なんて酷いことを言ってしまったのだろう」「担当者を怖がらせてしまって、悪質クレーマー扱いされたらどうしよう…」と考え、落ち着き始めるのです。

「いや、申し訳ない。そういうつもりはありませんでした」と反省の弁を述べるお客様は少なくありません。

実際に、クレーム対応の研修でもこうした対応方法を紹介していますが、現場で実践した銀行の副支店長さんから、「驚くほどお客様が冷静になります」と教えてもらったこともあります。

ここで気付いてもらいたいのは、一見興奮して暴言を吐いていても、ほとんどのお客様は悪質クレーマーではないということです。

メディアでは「悪質クレームの実態」と題して、大げさに誇張した内容が報道されていますが、みなさんには、本当に悪質クレーマーなのかどうか見極められるようになってほしいです。

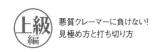

⑵理不尽に感じる要求にはどう対応するのか

悪質クレーマーではないのですが、過大な要求や理不尽な要求をしてくる、少し厄介なお客様もいます。

例えば、私がある信用金庫から相談を受けた内容の中には、**「待ち時間がいつも長い！ 今日は10分も待たされたぞ！ 次からは私の順番を早くしろ！」**という理不尽な要求を突き付けてきたお客様もいました。

たしかに、待ち時間が長く、お客様の大切な時間を奪ってしまったのは事実です。しかしそれに対して、「次から私を優先しろ」という要求は明らかに過大要求です。

では、こうしたケースはどう乗り越えるか？ 以下の順番で対応してください。

過大な要求を突き付けられた時の対応

①根拠を聴き出し、認識の違いを明確にする

↓

②「できないこと」「できること」を伝える
↓
③魔法の質問を投げかける

①根拠を引き出し、認識の違いを明確にする

まず大前提として、お客様の発言を「否定する」ことはやめましょう。初級編で学んだとおりに、限定付き謝罪でお詫びし、共感しながら話を聴くことで対立関係を解消します。そして、なぜお客様は「次から私の順番を早くしろ！」と言ったのか、その思いを聴くようにしましょう。すべて吐き出してもらうのです。

お客様の思いを引き出すには、以下のような会話が効果的です。

お客様「待ち時間がいつも長い！　今日は10分も待たされたぞ！　次からは私の順番を早くしろ！」

担当者「待ち時間が長かったことで、ご不便をおかけしました。誠に申し訳ございません。私どもにそうおっしゃるぐらい、いかにお怒りであるかということもよく理解できました。お客様、もう少し詳しくお話を聴かせてください」

お客様の話を聴く際には、以下に挙げるような言葉を投げかけながら会話を進めると、お客様の思いを正しく把握できます。「この担当者は適当に聴いているのではなく、きちんと話を聴いてくれている」というお客様の満足感につながります。

「○○と理解してよろしいでしょうか？」
「つまり○○ということですね」
「お客様は○○とお考えであるということですね」
「お客様が一番気になった点は○○ということでよろしいでしょうか？」

このような話をしていくと、お客様の口からなぜ、「次は私を優先しろ」というような言葉が出てきたのかがわかります。これを本ケースに当てはめると次のようになります。

お客様「どうしていつもこんなに待たせるんだ!」
担当者「私どもの対応が遅かったということですね」
お客様「毎回10分以上は待つぞ。私がこんなに待っていることにも気づいていないだろ!」
担当者「つまり、私どもに、お客様にお待ちいただいている認識がないと思われたわけですね」
お客様「そうだよ! こんなに長く取引しているのに! 前の支店長のこともよく知っているんだよ。俺は!」
担当者「長年お取引をしていただいているのに、私どもの対応に配慮が足りない点があったということですね」

お客様の発言の背後にある思いを聴き出すことで、「問題をはっきりさせる」ことができ、お互いの認識の違いを明確にすることができるようになります。

今回の例だと、お客様と金融機関側には以下のような認識の違いがありました。

お客様の認識

・10分も待たされた
・客が待っていることに銀行は気づいていない
・長年取引をしているのに感謝されていない

金融機関の認識

・10分しかお待たせしていない
・待ち時間対策はしっかりやっている
・すべてのお客様を大切にしている

このように、立場が違えば認識にも違いが発生することに気づいていただけたでしょうか。理不尽と思われる過大な要求の裏には、認識の大きなズレがあるのです。

②「できること」「できないこと」を伝える

お客様の主張がすべて出てきたら、次はこちらが解決策を提示する番になります。過大な要求には応じることができなくても、「できること」についてはしっかり伝えるようにしましょう。

本ケースでいえば、当然ですが「お客様の順番を優先する」は「できないこと」です。ここはお断りをします。

その一方で、「できること」として、例えば「待ち時間対策を練るよう、上司に相談してみる」「待ち時間が比較的少ない時間帯をお伝えする」「窓口に来なくてもインターネットからできるサービスを紹介する」というように、建設的でお客様のメリットになるような情報の提示はできるのではないでしょうか。以下のように伝えてみましょう。

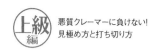

「お客様のお話、よく理解できました。誠に恐縮でございます。お客様からのお申し出にあった、優先してご案内することは残念ながらできかねるのですが、私どもとしては、お客様にお約束・ご提案できることが3つございます。

1つ目は、同じお叱りを受けないよう、待ち時間対策を検討するよう上司に相談いたします。他行のやり方も勉強したいと思います。

2つ目は、待ち時間が比較的短い、すいている時間がございますので、こちらを後ほどご案内させていただきます。

そして3つ目として、窓口にお越しいただかなくてもインターネットで手配できるものもございますので、そちらのご紹介もさせていただきます。

今後はストレスなく当行をご利用いただくためのご提案を差し上げたく存じますが、いかがでしょうか？」


伝え方のポイントとして、最初に「できないこと」を伝えてから、「できること」を伝えるという順番を意識してください。これが逆になると、できないことがフォーカスされ、「なぜ私を優先しないのか！」と突っ込まれるケースが少なくありません。

③魔法の質問を投げかける

お客様に「できること・できないこと」を伝え、「わかりました。そうしてください」と了承を得られたとしても、そこで終わってしまってはいけません。実は、クレーム対応の上級者が実践している、とっておきの「魔法の質問」があります。それは、次のような質問です。

「お客様、そのほかの点につきましては、ご満足いただいておりますでしょうか？」

ポイントは、〝満足している点を教えてもらう質問〟だということです。

十数年前は、「お客様、ほかにお気づきの点はございませんか？」と、お客様に気遣いのつもりで投げかけているところが少なくありませんでした。残念ながら、この質問だと、お客様はさらなる不満点を探しだし、また一からクレームが始まってしまいます。

この魔法の質問のよいところは「そのほかは満足していただいていますか？」と、

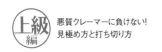

お客様に良い点を探し出してもらえるということです。お客様からはきっと、「待ち時間さえどうにかしてくれたら、私はそれでいいわよ」と、前向きな言葉をもらえることでしょう。

実際にこのように対応した信用金庫では、「昔から私はおたくを一番頼りにしている」「前の支店長の○○さんには大変お世話になった」など、評価している点を教えてもらえたようでした。

このような前向きな内容が出てきたタイミングで、「いつもご贔屓にしていただいてありがとうございます。今後ともよろしくお願いします」と笑顔でお客様に伝えることができたら、最高の形でクレーム対応を終えることができるのではないでしょうか。

悪質クレーマーの見極め方と対応の打ち切り方

タイプ別・悪質クレーマーへの対処ノウハウ

(1)暴言を吐いてくる悪質クレーマー対策

前項では、悪質クレーマーかどうかを見極めるため、相手は「自分の気持ちをわかってほしいだけなのか」、それとも「大声を出してストレスを発散したいだけなのか」のどちらなのかを判断する必要性を述べました。

悪質クレーマーと判断される代表的なタイプである「ストレス発散型」のクレーマーは、担当者個人に向けて暴言を吐いてきます。

1人のクレーマーのストレス発散のために、仕事の時間を奪われるようなことがあってはなりません。

明らかに「物事を混乱させたい」「自分のストレスのはけ口にしたい」といった様

子の人と、普通にサービスを受けたかったがクレームを言わざるをえなかったお客様とは、対応の仕方を区別しないといけません。

相手が悪質クレーマーであると判断したのなら、良い関係を構築することは必要ありません。組織の危機と考えて、毅然とした態度で「対応を打ち切る」ことが必要となります。


本編のマンガの担当者は、毅然とした対応がしっかりできています。相手が悪質クレーマーであっても完全に否定することなく、部分的に共感しながらも、その要求には対応しない姿勢を見せることが必要です。

「冷静に落ち着いて話してもらえるのであれば聞く耳を持つが、暴言は受け付けない」ということをはっきり伝えるようにしましょう。

暴言を吐いてくる悪質クレームの打ち切り方

「お客様が私どもに『ばかやろう』とおっしゃるほど、お怒りであることはよく伝わりました。ただ、これ以上そのような汚いお言葉を私個人におっしゃるので

あれば、私どもはこれ以上対応できかねます」

(2)非常識・無理難題な要求をしてくる悪質クレーマー対策

さらに、今回のマンガの事例では、「待ち時間が長く、時間を無駄にしてしまった！時間の損失をお金でつぐなえ！」という、非常識で無理難題な要求がなされています。必要以上に「お金を出せ！」「補填しろ！」という言葉があったり、口に出さなくても暗にお金を要求してきたりといった場合は、悪質クレーマーとして判断してよいでしょう。

「非常識・無理難題型」の悪質クレーマーに対しては、(1)と同じく毅然とした態度で対応を打ち切りましょう。

金銭要求をしてくる悪質クレームの打ち切り方

「恐れ入ります。私どもでは、お客様の待ち時間に対して、お金をお支払いする対応策は持ち合わせておりません」

仮に、このような対応打ち切りの言葉に対して、納得せずにさらに暴言を吐いたり、居座ろうとしたりするようなことがあったら、迷わず警察を呼ぶという対応を取ってください。

私が最近相談された案件で、母親が「振り込み詐欺」の被害にあいそうになったのを防いでくれた銀行員に対し、息子夫婦が「母がショックを受けている。銀行の対応がよくなかったのではないか！　どう補償してくれるんだ！」とお金を要求してきたという、誰が詐欺師かわからないような話もありました（涙）。

無理難題を要求してくるクレームの1つに、時間や場所に関わらず**「すぐに謝りに来い！」**と言われるケースがあります。

特に保険会社では、フットワークの軽い担当者が少なくないので、「クレーム対応はスピードが命」と言わんばかりに現場にすぐに向かいます。

お客様に誠意を見せるという点では評価を受けるのかもしれませんが、私は、クレーム対応にもコスト意識を持ってほしいと考えています。クレームの内容を把握せず、時間と交通費をかけてお客様のもとに向かうのが、本当に正しいのでしょうか？

繰り返しますが、クレーム対応では〝お客様の良き理解者になる〟ことが必要です。まずは電話でよく話を聴き、状況を把握してから現場に向かっても遅くはないのではないでしょうか。

お客様の話を聞いたうえで、直接会いに行ったほうがいいのか、**緊急性と必要性の観点**から最終的な判断を行いましょう。

その判断基準になるのは、「急いで対応しないといけない内容なのか」「自宅にうかがわないと対応できない内容なのか」の2点。この緊急性と必要性を把握するために使えるのが、やはり「限定付き謝罪」と「話を聴く姿勢を見せること」です。具体的には、以下のような声かけで話を聴いてください。

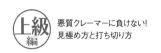

お客様「すぐに家に謝りに来い！」
担当者「私どもの対応でご不便をおかけしたことがあったようで、大変申し訳ございません。状況を確認する前にお客様のもとへ伺うのは失礼だと考えております。恐れ入りますが、まずはお話をお聴かせいただけませんでしょうか。そのうえで、当社としてどう対応するべきかを検討し、お客様のもとに報告にまいりたいと思います。お客様、どのようなことがございましたか？」

銀行などの金融機関ではあまり考えられませんが、独立して保険セールスを行っている方の場合、深夜の時間帯に、お酒に酔ったお客様からクレームの電話を受けることもあり得るでしょう。お客様がお酒に酔った状態での要求は、悪質クレームだと判断していいと思います。仮にお客様の家に行ってしまうと、非常に厄介な状況に陥ります。そうならないためにも、まずは電話で状況を把握することが大切です。

それでも強硬な態度で家に来ることを要求してくるのであれば、強要罪になります。最近では、クレームをつけ、土下座を強要したことで強要罪になったというニュースもありましたが、これと全く同じことです。

このような場合は、以下のように伝えて話を打ち切ってください。

謝罪に来ることを強要してくる悪質クレームの打ち切り方

「お電話でお話をお伺いできないのであれば、残念ながらお客様のご要望に添うことはできかねます。お酒を飲んでいらっしゃるようですので、また明日、落ち着いてからご連絡ください。本日はこちらで失礼します」

お客様第一主義を宣言している金融機関・保険会社にとっては、お客様への対応を打ち切ることは勇気がいることかもしれません。

しかし、時間と労力を必要以上に取られる、業務妨害と考えられる要求については、悪質クレーマーと判断して、危機を回避する対応を実践するようにしてください。

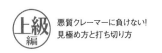

悪質クレーマーが寄ってこない組織とは

私はクレーム対応の専門家として活動している中で、金融機関・保険会社で悪質クレーマーに苦戦している組織や担当者には共通点があると気づきました。**それは、「クレームが共有されていない組織」「上司や同僚に助けを求められない担当者」が悪質クレーマーに狙われるということです。**

特に、悪質クレーマーに追い込まれている担当者は、「自分1人で何とかしよう」と考えています。人に頼れない、助けを求められない理由には、「組織や社内の人間に対してお願いすることの苦手意識があり、他人に迷惑をかけたくないと考えてしまう」ことがあるようです。追い込まれている状況であるのに、「助けてください」「困っています」と言葉にすることができないのです。そして、自分で何とかしようと、**ク**

レームに耐え続け、我慢をしてしまうのです。

周囲に助けを求めないと、悪質クレーマーの格好のターゲットにされます。執拗に罵倒され、負の感情のすべてをぶつけられてしまいます。

それでも、「そんなことも1人でできないのか!」「クレームごときにいつまで時間をかけているのだ!」と上司に怒られることを恐れ、報告できずにいるのです。報告して、自分の評価を下げたくないとも考えてしまっています。

「助けてください!」と言えないことで、さらに悪い状況に追い込まれ、クレーム対応に時間をかけてしまいます。時間が長くかかればかかるほど、その悪質クレーマーは「放置された」など、次々に論点を変えながら難題を押し付け、「前はやってもらった」「なぜこれぐらいのことができない!」等、担当者をさらに追い込んできます。

結局、早く解放されたいという気持ちが先行し、無理難題の要求を受け入れてしまい、「会社の経費を使って金品要求等に応じてしまう」といった最悪のケースが起きてしまいます。

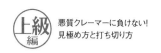

暗い話になりましたが、現実に起こっていることを書かせていただきました。

悪質クレームへの対応で疲弊しないためには、そうしたケースを反面教師にしなければいけません。真逆のことを実践するのです。

「助けてください！」の一言が重要です。自分の弱さや困っている気持ちを周囲に開示してください。人間の本当の強さは、どれだけ自分をさらけだすことができるかです。その勇気を持つようにしましょう。この勇気を持つことができれば、悪質クレーマーに追い込まれて疲弊することはありません。

組織としても、早くクレームの内容を共有することで、迅速に手を打つことができます。悪質クレーマーを組織として追い出すことができるのです。

実は今回、金融機関や保険会社で働く方のために、私がこの本を書いた理由はここにあります。

企業研修で知り合った損害保険会社の営業担当Aさんは、大口取引先の部長からパワハラ以上の圧力と理不尽なクレームを受け疲弊していましたが、上司に相談できず、1人で抱えてしまったことで体を壊し、好きだった営業の仕事ができなくなってしまいました。

私の友人でとても優秀な銀行マンだったB君は、悪質クレーマーからの執拗なクレームを受けて、仕事に行こうとすると体の震えが止まらなくなり、休職に追い込まれました。その後、何とか復帰したものの、会社の経費を使って悪質クレーマーにお金を渡したことが発覚し、職を失いました。

「クレームに苦しんでいる人をこれ以上増やしたくない」「まさに今、悪質クレーマーの暴言に我慢し続けている人を救いたい」——こうした想いを込めて、この本を書か**せていただきました。**

我慢することが一番よくありません。仕事の本質とは、お客様の役に立つことです。問題を解決してあげることです。**「自分達の大切なお客様を笑顔にすること」**だけに**集中して取り組めるようにしてもらいたいです。これが、私の心からの願いです。**

番外編

これで差をつける！
クレームを言われない
担当者の共通点

番外編

そもそもクレームを言われない担当者の共通点

ここでは、番外編として、クレームを言われない担当者の共通点について述べていきたいと思います。

実は、そもそも信頼されている担当者は、お客様に喜んでもらえる仕事をしていますので、クレームを言われることはあまりありません。こちらからセールスをしなくても新しいお客様を紹介してもらえ、良いお客様に囲まれ、ストレスなく仕事をしています。

では、信頼される担当者はどんな仕事をしているのか？

お客様とはどんなコミュニケーションを取っているのか？

仮にクレームを受けた場合にはどのような対応をしているのか？

これには、私が発見した3つの共通点がありますので、以下に紹介します。皆さんもご自身で一度チェックしてみてください。

チェック項目 信頼されファンの多い担当者の3つの法則

- □ いつも笑顔でお客様に接している
- □ お客様にあわせて「伝え方」を使い分けている
- □ クレームの内容をお客様に公開している

どうですか。すべての項目にチェックを入れることはできたでしょうか?

非常にシンプルで何も難しいことはない内容だと思います。コストがかかるものも1つもありません。

すべての項目にチェックが入った人はこの部分は読み飛ばして、次の167ページに進んでもらって結構です。しかし、残念ながらすべての項目にチェックが入らなかったという人は、3つの法則についての解説をぜひお読みいただきたいと思います。

いつも笑顔でお客様と接している

1つ目の法則は「笑顔で仕事をしている」ということです。実はここができていないと、他の2つの法則ができていてもお客様の信頼を得られません。とても重要なことです。簡単にできそうですが、実際にはしっかりできている人はあまりいません。

もう数年前の話になりますが、1つのエピソードを紹介させてください。私の取引先に、定期的に講演・研修の依頼をいただく保険会社があります。この保険会社は、自社商品を販売しているセールス担当者が代理店を含めて全国に約3000人います。

この保険会社主催で講演依頼をいただいたことがありました。受講者は30人、年齢は30代～40代の男性が中心で、限られたメンバーが参加するとだけ聞いて会場に行きました。

90分間の講演だったのですが、今まで登壇してきた講演の中でも、私にとって非常に印象に残る忘れられない仕事になりました。

なぜか?――実は、受講者の30人全員が90分間、私の話を笑顔で楽しそうに聴いてくれたのです。会場には笑顔の花が咲き、お花畑のような景色でした。さらに、私の話に対し、心地よいタイミングで頷きながら、メモもたくさん取ってくれるのです。前で話をしている私のほうが楽しい気持ちになり、終わった後の大きな拍手が本当に心地よく、とても充実した気持ちにさせてもらったのを鮮明に覚えています。

講演終了後に人事担当の方から聞いて初めて知ったのですが、この受講者30人は、売上ランキングトップ30人の方々だったのです。年収は数千万から1億を超えるカリスマ営業マン達が受講してくれていたのでした。

講演終了後に懇親会があり、カリスマ営業マンの皆さんと話をする機会があったので、こんな質問をしてみました。

「みなさん、笑顔が素晴らしいですね。営業にはやっぱり笑顔が大切ですか?」

すると、１人の方がこんなことを言っていました。

「最初は契約を取りたくて、作り笑顔で仕事をしていました。でも、それではお客様と良好な関係が作れないと気づきました。このお客様を笑顔にしたい、喜んでもらいたいという気持ちを一番にして仕事をするようになってから、自然と微笑みかけるような表情になったのだと思います。仕事に対する感情を変えたことによって、表情も変わるようになりました」

私はそのとき、大きな気づきを得られ、大変感激したのを覚えています。**彼らの笑顔が素晴らしかった理由、それは仕事の軸が自分ではなく、相手（お客様）にあるということでした。彼らの笑顔は利己ではなく、〝利他の精神〟からくる笑顔だったということです。**

もちろん、仕事をするうえでは、これは当たり前のことだと思います。ただ、現実には、数字やスケジュールに追い回されると相手（お客様）が見えなくなり、〝仕事をさばく〟

という気持ちが大きくなります。時間内に終わらせようという自分都合の仕事ぶりになっていくのです。

そしてその考え方を持ったままの仕事ぶりに対して、お客様は不満を持ち、クレームにつながってしまいます。

お客様を笑顔にしたい、喜んでもらいたいと考え、自らも笑顔で、お客様の良き理解者として仕事をしている担当者に向かって、お客様がクレームを言うことはありません。笑顔は、お客様に信頼の気持ちを持ってもらう大きな要素だと思います。

そのときのトップ30人の方は、ほかにも以下のような話をしていました。

「私達の想いを踏まえて、講演の内容を考えていただいた谷先生の話に応えたいと思って笑顔で話を聴いていました。良い気づきのあるお話もいただいたので、共感して頷きながら聴かせていただきました」

「お金を払ったのだから、これぐらいしてもらって当たり前」という気持ちではなく、「感謝の気持ちを持ってお互いが良好な関係を築こう」という姿勢をそのみなさんは持っているのです。仕事ができる以上に、人間的にも素晴らしい方々ばかりでした。自分もこうありたいと強く考えさせられるようになりました。世の中がこんな人たちで溢れるといいなと思わせてくれる、そんな方たちとの素晴らしい出会いでした。

☑ お客様にあわせて「伝え方」を使い分けている

2つ目の法則にいきます。「お客様にあわせた『伝え方』の使い分け」は、知っていると知らないとでは大違いという、お客様との関係性を強化するために必要なコミュニケーション技術です。

私自身は保険商品や金融商品の営業経験はありませんが、日本クレーム対応協会の代表理事として、コンサルティング契約のお問い合わせを頂戴したクライアントに直接訪問し、コンサルティング商品のプレゼンと営業活動を行っています。ある意味、協会のセールスマンの役割も担っています。

商談の場でプレゼンをしながら、クライアント企業の社長や責任者の反応でいつも注視している点があります。それは、以下に挙げる私の言葉のどちらにより大きな反応を示すかです。

私が、クレーム対応で悩むクライアントの良き理解者になるために使っている2つの魔法のフレーズがあります。

A「クレーム対応は後ろ向きな業務ではなく、ファンを作る最高の機会です。クレーム対応がキッカケで良いクチコミを広げることもできるのですよ」

B「クレーム対応力を習得しておくことで、クレームに対する従業員の恐怖心やストレスを取り除けます。さらに、お客様からの信頼を失うことも防げますよ」

クレーム対応に苦慮しているのは同じでも、どちらの言葉に対して反応するかで、私の対応は大きく変わります。この2つのフレーズを使ったときのうなずき具合やリアクションから〝そのクライアントがどうなりたいのか〟が手に取るように理解できるのです。

Ａの**「ファンをつくることができます。良いクチコミも広がります」**という話に反応するクライアントは、売上を上げたい、利益を増やしたいという前向きな考えや大きな目標を持っていることがわかります。顧客が増えていることでクレームも多く発生しており、対策を講じたいと考えている場合もあるでしょう。

そこで、Ａに大きな反応を示した場合には、「クレーム対応がきっかけで、新しい商品開発につながった事例」や「クレームを言ってきたお客様がお得意様に変わって売上が上がった事例」といった成功話を伝えます。

一方、Ｂの**「従業員のストレスを取り除け、お客様からの信頼を失うことも防げます」**という言葉に反応した場合は、トラブルや心配事は極力避けたいという考えが強いということがわかります。クレームが増えて従業員やアルバイトが辞めてしまわないだろうかという不安な気持ちがあるということも認識できます。

この場合は、「クレームの初期対応に失敗しないことの重要性」と、「クレームを未然に防ぐ取組みを強化したことで、クレームの数が劇的に減り、従業員満足度が上がった成功事例」を紹介するようにしています。

これは、金融商品や保険商品を営業する際にも、応用できる方法ではないでしょうか。お客様は大きな目標を叶えたいのか、もしくは不安を取り除きたいのか——つまり、その商品を買ってどうなりたいのかをよく理解することが大切です。

仮にまだ商品を買う気がないお客様であっても、どちらの言葉が響くかを見極めることで、お客様の心の状態を知ることができるはずです。

できる担当者になるには、「商品を売りたい」という自分軸の気持ちよりも、お客様はなぜその商品を買いたいのか、お金を出して何を実現したいのかを知ったうえで、お客様１人１人にあわせた表現や言い回し、事例等を伝える必要があるのです。

本書の初級編で、お客様には「なりたかった姿」があり、それが叶わなかったことが不満やクレームとなると解説しました。

お客様の良き理解者として、そっと背中を押してあげるために「伝え方」を使い分けることで、本当の意味でのお客様の信頼を勝ち得ることができるのではないでしょうか。

☑ クレームを受けた内容をお客様に公開している

3つ目は、「自分が過去に受けたクレームの内容を包み隠さずお客様に伝える」ことです。

取引先の保険会社で実際にあったことですが、契約者のお客様が、「日帰り手術は保険対象外」であることを知らずに給付金を請求してきたケースがありました。

その際、担当者が「お客様の契約内容では、日帰り手術は保険対象外です」と事務的に伝えてしまったところ、お客様から「そんな事は聞いていない」というクレームが発生。初期対応を失敗したことで、そのお客様が「上を出せ！」「私は騙された！」「詐欺だ！」と大騒ぎする大きなクレームに発展してしまったのです。結局、上司もうまく対応できず、保険は解約されてしまいました。

みなさんも一度は、「見てない」「聞いていない」「説明はなかった」というようなクレームを受けた経験があるのではないでしょうか。こちらに非がないにも関わらず、このようなクレーム受けて対応に苦慮したこともあると思います。

実は、クレーム全体の10%~20%はお客様の思い込み、勘違いから発生します。

初級編で「クレームはお客様からのアドバイス」だと言いました。信頼される担当者は、過去に受けたクレームをアドバイスだと考えて、仕事のやり方を変えるキッカケにします。

同じクレームを受けないように、新規契約のお客様が同じ商品を契約される場合には、以下のように伝えるのも１つの方法だと思います。

「こちらの商品につきましては、日帰り手術は保険対象外となります。過去に私の案内不足が原因で、お客様に『そんなことは聞いていない』と大変厳しくお叱りを受けたことがございました。この点、十分ご理解いただき、ご契約いただけましたら幸いです」

１つのクレームを受けた時点で、ほかにも同じような思い込み・勘違いをしていたり、契約商品に対して不満を持ったりしているお客様がたくさんいると考えられます。

ならば、よくクレームになるポイントについては、事前にお客様にエピソード付きですべて公開すればいいのです。そうすれば、同じクレームを未然に防ぐことができます。加えて、その過去のクレーム話を聞いて、日帰り手術も保険対象になる商品を契約されるお客様もいるかもしれません。

クレームになった話は、担当者にとってマイナスポイントになると感じるかもしれませんが、お客様にとっては一番聞きたい話でもあります。保険という商品は、病気になったり、事故を起こしてしまったりしたときに、初めてありがたみを感じる特殊な商品です。「あのとき、あの担当者に日帰り手術の話を聞いてこの契約内容にしておいて良かった」と、後になって感謝されるものです。ぜひ、**過去の失敗を〝次の成功に変える〟ためにも、これまでに受けたクレームの内容をお客様に語るようにしてください。それが新たなクレームの発生を防ぐことになります。**

最後に、この「番外編」のテーマからは外れますが、お客様の思い込み・勘違いによるクレームの対応方法として、このケースについても「ダメ対応」「処理対応」「感動対応」それぞれの例を見ておくことにしましょう。

ダメ対応

お客様「日帰り手術が対象外？　なにっ！　そんなの聞いてないぞ！」
担当者「お客様、この契約書を見てください。ここに書いてありますよ。お客様のハンコもちゃんと押してありますよ！」
お客様「何だ！　その言い方は！　お前ではダメだ！　責任者をすぐに呼べ！」

謝罪も気遣いの言葉も入っていないこうした対応は、お客様をモンスタークレーマー化させることになるでしょう。このような、お客様の間違いを指摘して、こちらの正当性を強く主張する、こちらが〝勝つ〟ための対応はとても危険です。
お客様は恥をかかされたと思い、「なんだ、その言い方は！　責任者を出せ！」とクレームの論点を変えてくるでしょう。こうなると、以後のクレーム対応にかなりの時間を要してしまうことが容易に想像できます。

処理対応

お客様「日帰り手術が対象外？　なにっ！　そんなの聞いてないぞ！」

担当者「そうですよね。説明が足りなかったですよね。私の対応がよくありませんでした」
お客様「そうだよ！　どうしてくれるんだよ。日帰り手術も対象にして金もちゃんと出してくれるんだろうな！」

一見、良さそうな対応に感じるかもしれませんが、これは同調の言葉を使ってしまっています。

許してもらおうとして、こちらが譲歩する〝負け〟のような対応をしてしまう担当者がいます。ここまで引いてしまうと、お客様は「私が正しい」と考えるようになり、「日帰り手術も対象にして金もちゃんと出してくれるんだろうな！」と強硬に要求を突きつけてきます。この後に担当者側が主導権を握るのは至難の業だと思います。

では、このようなピンチに陥ることなく、チャンスに変えるためにはどんな対応をすればよいのでしょうか。

結論から言うと、お客様の思い込みや勘違いによるクレームは、少し特殊で、これから述べる方法しか円満に解決にする方法はありません。
それは、ダメ対応の〝勝つ〟やり方と、処理対応の〝負け〟を組みわせた方法――「お客様が思い込み・勘違いをしていることをしっかり伝えてから、こちらの対応も十分ではなかったことを伝える」という方法です。

感動対応
担当者「お客様、大変申し上げにくいことで誠に恐縮しているのですが、実は日帰り手術が対象外である旨が、契約書のこの部分に記載がございます（担当者の勝ち）、ただ、お客様にしっかりご理解いただくまで説明ができていなかった点につきましては、私の反省するべき部分だと考えております（担当者の負け）。この件、ご理解をいただけますでしょうか」

このように、勘違いをしていたお客様としっかり案内ができていなかった担当者、双方に至らない点があったという状況を明確にしてしまう方法をとってください。お客様の思い込み・勘違いを指摘しながら、自分達にももっとできることがあったというような、お互い様にもっていくという技術です。

私のクライアント先である保険会社では、この方法を実際に取り入れてから、お客様のほうから「あっ！　確かに書いてあったね。いやいや私の確認不足だったようだね」と言ってくれるようになったそうです。お客様は少し恥ずかしそうに、その場を取り繕うようになるようです。このタイミングですかさず、「いえ、私がもっとお客様のことを考えて、日帰り手術が対象になるプランを強くおすすめするべきでした」とお伝えすれば、お客様の信頼は逆に強まることでしょう。

繰り返しになりますが、伝えるべき部分は伝え、こちらの反省の弁も述べることにより、お客様の要望通りの対応はできなくても、これがきっかけでお客様との絆は深くなるものです。お客様の良き理解者として、末長く良い関係を築けるようになります。ピンチをチャンスに変えるためにとても重要な対応法です。

いかがでしょうか。ぜひ、現場で実践してみてください。

Q&A

もう怖くない！
クレーム対応
徹底Q＆A

Q1

販売商品について、しっかり説明したにも関わらずクレームを受けてしまい、困っています。

A　クレームの原因が「販売時にデメリットを含めた説明をしていなかった」という点にある場合は、今後こうしたクレームが起きないように、説明方法を改善する必要があります。

お客様の勘違いだった場合には、お客様が勘違いをしていることをしっかり伝えてから、こちらの対応も十分ではなかったことをお伝えするようにしましょう。

商品に対してクレームが発生する場合、その原因のほとんどは、販売時に商品の良い点やメリットばかりを話して、デメリット部分をお客様にお伝えしていないことにあります。商品を買わせようとしてメリットしか伝えなかった担当者はその後、お客様から「思っていたのと違った!」とお叱りを受けることになります。そうした担当者は、良いことばかり伝えることで、お客様の商品に対する期待値を大きく上げてしまっているのです。

クレームを起こさない担当者は、例えば保険商品であれば、「この商品は、この部分の保障につきましては、他社の商品に劣る点がある可能性もあります。ただ、この部分の保障につきましては、当社の一番のウリとなっています。業界でもこのサービスがあるのは当社だけです」と、デメリットを最初にしっかり伝えたうえで、自社商品の最大のセールスポイントを伝えています。

メリットしかない完璧な商品など世の中には存在しません。**デメリットを含めた情報をしっかりと伝え、お客様に納得してもらってから、購入・契約してもらうことを実践しましょう。**

なお、しっかり説明したにもかかわらずクレームが来た場合の対処法としては、**165ページで解説したように、「お客様が思い込み・勘違いをしていることをしっかり伝えてから、こちらの対応も十分ではなかったことを伝える」方法をとってください。**

Q2

クレームを受けると、仕事へのモチベーションが下がってしまいます。

A　クレームを受けて、気持ちが落ち込んでしまうことは仕方ありません。ですが、その時間ははっきり言うと無駄な時間。気持ちを切り替えて、そのクレームを、仕事へのモチベーションを上げるチャンスと考えましょう。

クレーム対応に慣れていないと、多少落ち込んだり、へこんだりすることは避けられないと思います。

ですが、クレームを受けて落ち込んでいる時間は、はっきり言うと無駄な時間です。仕事へのモチベーションを下げるのではなく、むしろ上げるためのきっかけにしてほしいです。**クレーム対応が上手くできなかったことで落ち込むのではなく、次はどう**

やればよいかを考える機会にするのです。

さらに、「もう同じことでクレームを言われないようにしよう」と考えて、次の日から仕事のやり方を変えることもできるのではないでしょうか。

なかなかそんな気持ちになれないという方は、「話のネタが増えた」と考えて、そのクレーム対応の話を面白おかしく、周囲の方に話してみてはどうでしょうか。

お客様からクレームを受け、「契約は取り消しだ!」と言われたのに対し、「お客様、このタイミングで契約をボイコットすると損します!」と、キャンセルとボイコットを言い間違えたことを鉄板ネタにしている保険の営業マンを私は知っています(笑)。

Q3

ほかにもお客様がいる中でクレームを受けた場合、周囲のお客様に対し、何か対応は必要でしょうか？

A　周囲のお客様の目を気にする必要はありません。逃げも隠れもせずに、その場で完璧な対応をやってのけ、「クレーム対応をしっかりやる組織だ」とアピールする機会にしてしまいましょう。

結論から言うと、周囲のお客様のことは気にしなくて構いません。

ほかのお客様が見ている中で、完璧なクレーム対応をやってのけましょう！　クレームが発生したとき、どう対応するのかを周囲のお客様は注目して見ています。「どうぞ、こちらへ」と別室に連れて行く形にしている企業もありますが、別室で話を聴こうとすると、クレーマーは受け入れてもらったと考え、居座ってさらにクレームを言ってきます。

みんなが見ている中で、堂々とクレーム対応をやればいいのです。逃げずに、言いわけもせずに、良き理解者になろうとする気持ちのいい対応を、ほかのお客様に見てもらうようにしてください。

私のコンサルタント先の地方銀行では、支店全体でクレームへの対応方法をしっかり準備しているので、逃げも隠れもせずに「お客様にアピールする場」と考えてクレーム対応をやっています。

見事にクレーム対応ができれば、「クレーム対応をしっかりやる組織だ」と良いクチコミも広がるでしょう。

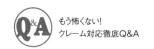

Q4

クレームの原因が自分たちの重大なミスだった場合は、どう謝罪すればいいのでしょうか?

A　自分達の重大なミスが原因の場合には、言い逃れをしたり事実を隠したりせず、全面謝罪をしましょう。非を認めて真摯に反省している姿を見せれば、お客様は挽回のチャンスを与えてくれるはずです。

クレームをすべて聴き、現場の状況を確認した結果、自分達に重大なミスがあったことが明らかな場合には、全面謝罪をする必要があります。言い逃れをしたり事実を隠したりせず、素直に非を認めることが求められます。

不祥事を起こした企業が、「真実を明らかにします」と言って記者会見を開きながら、「上層部には何も知らされていなかった」と逃げることで、さらに信頼を失っているシーンをよく目にします。

クレームを受けただけで記者会見をする必要はありませんが（笑）、**自分達に非があったのであれば、「すべて私のミスです。お詫びの言葉もございません」と全面謝罪をしてください。そのうえで、以下の3点について、お客様にしっかり提示していくのです。**

①なぜそのようなことが起きてしまったのか
②お客様に対してどんなことができるのか
③同じことを起こさないために何をしていくのか

この後は、落としどころをお客様に決めてもらうのがよいと思います。すべての非を認めて真摯に反省している相手には、お客様は手を差し伸べてくれます。挽回のチャンスを与えてくれるはずです。

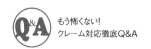

Q5

口下手で、クレームを言ってきたお客様に対して言葉がスラスラ出てこなくて困っています。

A　クレーム対応では、お客様の話を聴くことに徹することが重要です。ですので、口下手な人のほうが上手く対応できるはずですので自信を持ってください。クレーム対応でよく使う言い回しについては、ある程度頭に入れて準備しておけば安心です。

クレーム対応は口下手な人のほうが上手くできることが多いです。これは本当です。「私は話が上手く、クレーム対応には慣れている」と自信満々の人が、余計なこと言ってお客様をよく怒らせています（笑）。

対面や電話でのクレームに対応する際には、「お客様が8割、担当者が2割」の割合で話をするのがベストだと思います。それほど、お客様の話を聴くことに徹するよ

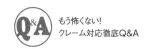

うにしてください。お客様の言いたいことが理解できますし、なにより、お客様に安心してもらえます。

お客様を説得するための言葉がスラスラ出るようにしたいのであれば、本書の巻末に**「クレーム対応の言葉一覧集」**を用意したので、こちらで学んでください。

クレーム対応は、英会話の語学学習と似ているところがあります。よく起きる場面を想定し、そこで用いるべき言葉や言い回しをある程度頭に入れておいて、自分の言葉として使えるように準備しておきましょう。

Q6

先輩や上司に対応してもらう場合、自分はどこにいればいいのでしょうか？

A　「自分のミスが原因」のクレームの場合は、そのまま同席してください。自分が対応していたときに指摘してきた内容と違うことをお客様が上席に言わないか、確認する必要があるからです。
「自分のミスが原因のクレームではないが、対応の仕方が悪くてお客様を怒らせてしまった場合」は、同席する必要はありません。対応者を代えることで、クールダウンしてもらえることがあるからです。

対面でのクレーム対応で、上席に対応を代わった後、担当者はどこにいればいいのか――。正直に言うと、これには正解はありません。

ただ、私の考えとしては、自分のミスが原因でお客様を怒らせてしまった場合は、

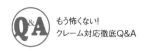

そのまま同席しておくほうがよいと思います。

お客様の中には、対応者が代わったことをいいことに、話を大きくして上席に訴える人もいます。そうしたことがないか確認するためにも、同席することをオススメします。

一方で、自分のミスではないクレームの対応をしている中で、あなたがお客様をさらに怒らせてしまった場合は、同席する必要はないと思います。対応者が代わることでお客様が落ち着きを取り戻すことがよくあります。

実は、クレーム対応でも、お客様との〝相性〟があるのです。人を代えることで、クレーム対応があっさり円満に進むこともあります。ただし、その場合も、上席にすべて任せるのではなく、対応終了後に、どう対応すればよかったのか指導を仰ぐことも忘れないようにしてください。

Q7

何度も同じクレームを言ってくる人にはどう対応すべきでしょうか？

A　お客様が何度も同じクレームを言ってくるのは、「ここを改善してほしい」という意見がいつまでも反映されていないからです。「嫌な客」だと考えずに、思い切って懐に飛び込んでみましょう。クレーマーからサポーターになってくれるかもしれません。

お客様は、その会社の商品やサービスをまた使いたいから、クレームを言ってきます。「こうしてほしい」「ここを改善してほしい」と教えてくれているのです。

つまり、何度も同じことを言ってくる人は、「何も改善されていない」「私の意見が無視されている」と感じているのだと思います。それに対し、「またこの人か」と、どうしても処理するような対応をしてしまっているケースがあります。

上級編で、理不尽な要求に対しての対応（128ページ）としても取り上げましたが、そこで述べたような方法で一度、お客様が同じクレームを繰り返し言ってくる理由を引き出してみましょう。

すると、お客様との認識のズレが明確になると思います。クレームを言ってきた「背景」や「事情」も理解できるようになります。

「嫌な客」だと考えずに、思いきって懐に飛び込んでみましょう。距離を縮めることによって、案外簡単に信頼関係が結べることがあります。クレーマーがサポーターに変わることもあらゆる現場で起きています。

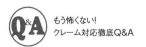

Q8

明らかにお客様が悪い場合でも丁寧な対応が必要でしょうか？

A　「こちらに非はない」と伝えたところで、誰も得をすることはありません。お客様に恥をかかせないように、すべての話を聴いてあげる丁寧な対応を心がけましょう。ただ、悪質と思われる場合は、組織として、どこまで対応するか決めておく必要があります。

興奮しているお客様は、クレームを言っている途中で自分に非があるとわかっても、急には態度を変えられないもの。最初は商品へのクレームを言っていたのに、「会社の姿勢がよくない」と、論点を変えてクレームを言ってくるようなこともよくあります。**お客様は、恥をかきたくないと思っているわけです。**

「こちらに非はありません！」とお客様に伝えたところで、誰も得することはありません。ここは、お客様に恥をかかせないように、すべての話を聴いてあげる丁寧な対

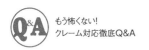

応を心がけましょう。

ただ、上級編でも取り上げたように、明らかにストレスのはけ口としてクレームを言ってきていると判断できる場合には、対応を打ち切るようにしてください。悪質クレームだと判断する基準に正解はありませんが、組織としてどこまで対応するかは決めておいたほうがよいと思います。

ある保険会社では、「バカヤロー」「コノヤロー」という言葉をNGワードに決め、この言葉を使ったお客様には、クレームの内容に関係なく、**「そのようなお言葉に対して、私どもはこれ以上対応することは控えさせていただいております」**と毅然とした態度を取るとしています。そうした明確な判断規定があると、対応がしやすくなります。

Q9

上司が全くサポートしてくれず、困っています。

A　上司には、最終的なフォローをお願いすることにして、まずは自分が組織の代表としてクレーム対応をするという心構えを持ってください。そのうえで、お客様から指摘された内容を上司に伝え、判断を仰ぐという形で進めましょう。

私も、上司がサポートしてくれない環境でクレーム対応をしたことがありますので、この気持ちはとても理解できます。

ですが、**上司には最終的なフォローをお願いすることにして、悪質クレーム以外は、まずは自分が組織の代表としてクレーム対応をする**という心構えで取り組んでみましょう。**自分一人でクレーム対応が上手くできた時の達成感を味わえるよう努力してみてください。**

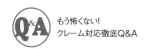

そのうえで、お客様から指摘のあったことを正確に上司に伝え、判断を仰ぐという進め方がよいです。

「部下と上司が一緒にクレーム対応に出ていって、そこで失敗してしまい、またさらにその上席を出す」といったことをしていては、組織全体に対する不信感につながりかねません。

クレーム対応で対応者を代えるのは、2人までにすべきです。まず、自分でできることをしっかりやってみて、どうしても上手くいかない場合に、上司にサポートをお願いすればよいと思います。

Q10

大きな声を出してくる人が苦手なため、対応が嫌になってしまいます。

A　カギとなるのが、「立ち位置」と「メモを取ること」です。お客様の正面ではなく、斜め45度（もしくは真横）の位置に立ち、話の最中はメモを取るようにします。すると、大きな声で長時間クレームを言ってくることはなくなるはずです。

大きな声を出してくるお客様や威圧的な態度でクレームを言ってくるお客様は少なくありません。ただ、初級編でもお伝えしましたが、限定付き謝罪を行い、話を聴く姿勢を見せることで、お客様に冷静になってもらえます。

さらに、落ち着いて話をしてもらうために重要なことがあります。それは「立ち位置」と「メモを取ること」です。

まず「立ち位置」についてですが、カウンター越しにお客様の正面に向き合うのではなく、カウンターから出て、お客様の斜め45度の位置（ベストなのは真横）に場所を取ってみてください。そうすると、距離が近くなり、お客様は大きな声が出しづらくなります。

次の「メモを取ること」について。初級編でも触れましたが、話の最中にメモを取ることで、お客様からの視線を外すことができるため、担当者のストレスがかなり軽減される効果があります。

私がこれまで、たくさんのクレーム対応の現場を見てきてわかったことですが、人間は、自分のことを理解しようとメモを取りながら話を聴いてくれる人に対して、5分以上怒り続けることは難しいです。

大きな声を出すお客様は、話を聴こうとしない担当者の姿勢を見抜いているのです。

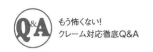

Q11

何人も担当者がいるのに、クレーム対応をするのは私ばかり。不公平だと思ってしまいます。

A　クレーム対応は、一生使えるビジネススキルです。他の担当者より経験を積めるよい機会だと捉えて、高いモチベーションを持って取り組んでみてください。

クレーム対応をすることが損だと考えている人は、たしかに不公平だと思うでしょうね。

しかし、ここでひとつ気持ちを切り替えて、「自分の考え方を変えるよい機会」だと捉えてみませんか?

現在、インターネットの広がりにより、誰でも気軽に、匿名で他者を批判できる世の中になっています。不寛容な空気は今後ますます色濃くなり、日本はこれから本格的な「クレーム社会」になると考えられています。いま以上にもっと、お客様からのクレームは増えるのです。そう考えれば、今のうちにクレーム対応のやり方を学んで、たくさん経験しておくことは非常に大切で、貴重なことだと言えます。

私の知っている限り、優秀なビジネスパーソンの特徴の1つに、クレーム対応が上手いことがあります。

ある保険会社の社長は、「私は社内で一番クレームの対応をやってきた。逃げずに誰よりもお客様の話を聴いてきた。だからこそ、経営者になってもお客様のことを一番に考える習慣が染みついている」と言っていました。

クレーム対応は一生使えるビジネススキルです。ＡＩがいくら進化しようが、クレーム対応の場面でお客様の怒りを笑顔に変えられるのは人間だけです。これまで以上に、ビジネスマンにとって必須のコミュニケーションスキルになってきます。

人生に無駄な時間は何もないように、クレーム対応をやることで損することは何もありません。高いモチベーションを持ってしっかり取り組んでください。

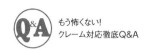

Q12

何度も同じようなクレームがあり、改善したほうがいいと思いますが、下っ端社員であり社内の体制には口を出せません。お客様にはどう答えたらいいでしょうか？

A　お客様から指摘された内容に、すぐには応えられないと正直に話したうえで、現在改善している点や新しいサービスなど、ポジティブな内容にフォーカスした説明を行いましょう。

これは、担当者が一番苦しい場面だと思います。お客様の話をただ聴くしかできない状態ですね。

お客様からのクレームを吸い上げてスピーディに改善していく体制になっている企業であれば問題ありませんが、残念ながら、なかなかそうした企業は少ないのではないでしょうか。

こうした場面での対応法として、お客様には「すぐに改善できればよいのですが、この点について、今のところ弊社では、改善に向けた体制整備に着手できておりません。申し訳ございません」と正直に話したほうがよいです。そのうえで、「現在のところ、他のこちらのサービスについて優先的に改善を図っています」と伝えてください。

つまり、お客様から指摘された内容に応えられないことについては真摯にお詫びしたうえで、改善している点や自分達の新しいサービスなど、お客様にとって有益であるような強みの部分にフォーカスしていく対応を行うのです。そうすることで、お客様には「いずれ自分の意見も反映してもらえる」と納得してもらえるはずです。

「自分は下っ端だから…」と嘆いているのではなく、組織の一員としての自覚を持ち、お客様を笑顔できるポジティブな情報発信をするようにしてください。

巻末付録

「とっさの一言」一覧集

クレーム対応の最初にお客様に伝える「限定付き謝罪の言葉」

- □「ご不便をおかけしまして、誠に申し訳ございません」
- □「ご満足いただけない点があり、心苦しい限りです」
- □「案内が不足しており、多大なご迷惑をおかけしました」
- □「大変驚かれたと思います。誠に申し訳ございませんでした」
- □「ご期待に添えられない点がありましたこと、申し訳なく思っております」
- □「不快な気持ちを与えてしまいましたこと、心よりお詫び申し上げます」
- □「1時間もお待たせしてしまい、お詫びの言葉もございません」

対面・電話・メールで使える「お詫びの言葉」

- □「お手数をおかけしました」
- □「大変失礼いたしました」
- □「お恥ずかしい限りです」
- □「恐縮するばかりです」
- □「この点は私どもの反省点でございます」
- □「そこまで考えがおよびませんでした」
- □「私どもに不注意がございました」
- □「猛省しております」
- □「今後、肝に銘じてまいります」
- □「この件、弁解の余地もございません」

お客様に気遣いを見せる「クッション言葉」

□「誠に恐れ入ります」
□「もし、よろしければ」
□「大変恐縮ですが」
□「お客様にお手数をおかけしてしまうのですが」
□「これは、ご相談になるのですが」
□「お力になれず残念なのですが」
□「誠に申し上げにくいことですが」
□「あいにくですが」
□「社内でしっかり検討したのですが」
□「お汲み取りいただけますとありがたいのですが」

炎上必至！「絶対NGな言葉」

□「できません」
□「でも…」
□「そんなことはないと思います」
□「ですから」
□「ですけど」
□「さっきも言いましたけど」
□「たぶん○○だと思いますけど」
□「それは無理ですね」
□「難しいと思います」
□「そんなことは言っていません」
□「私に言われましても…」
□「上の者からもそうするよう言われています」
□「会社の決まりですので」
□「今まではそんなことはなかったのですが…」
□「私は違う部署の人間なのでわからないです」

あとがき

以上で、私がお伝えしたかったことはすべて出し尽くしました。
この本の内容を１つずつ実践していただくことで、みなさんのクレーム対応のやり方が大きく変わる、そう信じています。

私自身、企業のお客様相談室時代は、クレーム対応に本当に苦しんできました。お客様は、自分を偉いと考えているのか言いたい放題。毎日クレームばかり聞いていて、精神的に追い込まれた時期が正直言うとありました。

でも転機がありました。長時間クレームを言い続けたお客様から「最後まで逃げずに、私の話を聴いてくれてありがとう」と感謝されたことがあったのです。そのときに、「お客様は自分の気持ちをわかってほしいんだ」「クレームには必ず、背景や事情があるんだ」ということに気づきました。お客様と同じ気持ちになることで、お客様の怒りや悲しみを和らげることができることを学びました。

その後、クレームは〝迅速に処理するもの〟という考えを変え、〝しっかり受け止めるもの〟という考えをベースにしたことによって「クレーム客をお得意様に変える対話術」を確立することができました。

最初はめちゃめちゃ怒りまくっていたお客様が、最後には「谷さん、わかってくれてありがとう。私の知り合いも紹介してあげるよ！」と言って、たくさんのお客様を紹介してくれるようにもなりました。まさに、最恐のクレーマーが〝最強のサポーター〟に変わったという経験を何度もしてきました。

クレームに対する苦手意識もどんどん薄れていきました。クレーム対応が楽しくなったとは言いませんが（笑）。

金融機関や保険会社に勤務している方が本当に忙しいということは存じていますので、本書では、最低限知っておいていただきたいクレーム対応の留意点を中心にお伝えさせていただきました。

この本に書いてある内容を必ず実践してみてください。何度も読み返して徹底的に準備をしてください。怖いと思って震えながらでも一歩踏み出すことで、クレーム対応はできるようになります。

クレーム対応ができる人材は、これからさらに重宝されるようになります。ご自身の武器として磨き続けるようにしていただきたいです。

「まえがき」でもしつこいぐらいに書きましたが、最後にもう一度。

「クレームはピンチ」というのは、あなたの思い込みです。それが〝最上級のチャンス〟であることを忘れずに、クレーム対応に取り組んでみてください。

今回の執筆機会を提供してくださった近代セールス社の葛西沙緒里さんには、心より感謝申し上げます。ご尽力くださり、本当にありがとうございました。

以上、ここまでのお相手は、怒りを笑いに変えるクレーム・コンサルタントの谷厚志でした。どうもありがとうございました！

[著者紹介]
谷 厚志（たに あつし）

怒りを笑いに変えるクレーム・コンサルタント。一般社団法人日本クレーム対応協会の代表理事。日本メンタルヘルス協会基礎心理カウンセラー。

学生時代は関西を拠点にタレントとして活動。しかし、あるパーティの司会でスポンサー名を間違えるという大失態を犯し、芸能界を引退。その後、サラリーマンに転身し、企業のコールセンター、お客様相談室で責任者として2,000件以上のクレーム対応に従事。一時はクレームによるストレスで出社拒否状態になりながらも「クレーム客をお得意様に変える対話術」を確立。

現在は独立し、クレームで困っている企業のために全国でコンサルティング活動を展開、具体的なクレーム対応法をアドバイスしている。圧倒的な経験知と人を元気にするトークが口コミで広がり、年間200本以上の講演・研修にも登壇する。

著書に『どんな相手でもストレスゼロ！ 超一流のクレーム対応』（日本実業出版社刊）などがある。

ピンチをチャンスに変えるクレーム対応術
金融機関職員＆保険セールスのための実践ノウハウ

2019年5月18日　発行

著　者	谷 厚志
漫　画	山中こうじ
発行者	楠 真一郎
発行所	株式会社 近代セールス社
	〒165-0026　東京都中野区新井2-10-11 ヤシマ1804ビル4階
	電話　(03)6866－7586
	FAX　(03)6866－7596
装　幀	今東淳雄(maro design)
編　集	葛西沙緒里
印刷・製本	株式会社暁印刷

ISBN978-4-7650-2139-5